消费的革命

卜玉强◎著

台海出版社

图书在版编目（CIP）数据

消费的革命 / 卜玉强著 . -- 北京 : 台海出版社 , 2018.6

ISBN 978-7-5168-1923-4

Ⅰ . ①消… Ⅱ . ①卜… Ⅲ . ①商业模式—研究 Ⅳ . ① F71

中国版本图书馆 CIP 数据核字 (2018) 第 105005 号

消费的革命

著　　者：卜玉强

责任编辑：王　艳　　　　装帧设计：张合涛

版式设计：石凯辉　　　　责任印制：周莹莹

出版发行：台海出版社

地　　址：北京市东城区景山东街 20 号，邮政编码：100009

电　　话：010 － 84827588（发行，邮购）

传　　真：010 － 84045799（总编室）

网　　址：www.taimeng.org.cn/thcbs/default.htm

E-mail：thcbs@126.com

经　　销：全国各地新华书店

印　　刷：环球东方（北京）印务有限公司

本书如有破损、缺页、装订错误，请与本社联系调换

开　　本：710mm × 1000mm　1/16

字　　数：200 千字　　　　印　　张：18

版　　次：2018 年 6 月第 1 版　　　　印　　次：2018 年 6 月第 1 次印刷

书　　号：ISBN 978-7-5168-1923-4

定　　价：58.00 元

推荐序

Foreword

在经历美国的次贷危机和欧债危机之后，世界经济仍处在深度调整之中。以中国为代表的新兴发展国家的经济增速也逐步放缓，受外部经济环境的冲击和我国外贸出口面临诸多不确定性因素的影响，此前主要依靠投资拉动的经济增长方式已逐步向投资与消费并重的增长方式转型，扩大内需、促进消费成为经济发展的新动能。

如何引领新消费、新零售、新业态的快速发展？如何推动消费升级让消费成为一种创收方式？如何解决消费者买不起、不敢买、不愿买的根本问题？

卜玉强先生所著的《消费的革命》一书以消费的革命为主旨，通过梳理、复盘古今中外有关消费观念、消费习惯、消费需求以及消费者权益的变化和规律，从而推导未来的消费类型、消费形态、消费趋势、消费者权益的变迁。除此之外，该书又系统地阐述了消费者为什么要开启从损耗型消费向投资型消费再向商务型消费转变的新消费模式。

《消费的革命》一书归纳总结近 20 年由于互联网和移动互联网技术应用在我国的蓬勃发展，促使以微信和支付宝为代表的杀手级应用不断涌现。可以说到目前为止，我国已培养出了全民在线的智能终端使用习惯。

现代人的移动互联化生活方式早已改变了消费者的消费观念、消费习惯和消费需求，这种变化带来的商业机会被一些拥有敏锐商业洞察力的先知先觉者们迅速捕获，并基于这种用户生活场景的变迁而不断创造性地推出一波又一波基于吃住行、游购娱、产供销的商业模式，进而引领着商业财富不断变迁。

作者从中选取了例如淘宝、支付宝、腾讯QQ、微信、小米、OPPO、vivo、美团、大众点评、共享单车、头条、抖音等为代表的典型案例进行深度剖析，解密各种现象级商业模式创新的本质与规律，进而得出人人消费、人人分享、人人受益的消费商的时代已然来临！在这种以如何创造消费者价值为核心的商业生态重构中，消费者必将获得最大化的价值回归与权益保护，也必将催生一次消费的革命！尽管我本人对消费革命的认识没有站在理论前沿，但阅读此书给了我很大的启迪。特此推荐！

《消费的革命》值得每一位读者细心阅读与品味。

王亚星

于中国人民大学商学院

2018年6月12日

（王亚星：经济学博士，中国人民大学教授、博士生导师）

前　言

Preface

当前，我国经济发展进入中高速增长的新常态。由于世界经济仍处于深度调整之中，外需对经济增长的拉动作用存在较多的不确定性。因此，我们如果想要保持经济较高水平的增速，实现经济有质量的增长，就要以消费拉动、服务业带动和内需作支撑。可以说，消费已成为中国经济增长的最大潜力所在。

同时，我国城市化进程不断加快，互联网电子商务飞速发展，国民消费能力不断得到释放，消费者的身份、话语权及需求也发生了根本性的变化。主流消费群体的消费需求开始从温饱型向品质型跃迁。

从某种意义上讲，任何消费都是对人的某一种需要的满足，生命过程其实就是进行消费的过程，而人类从事生产的最终目的也是消费。只有消费才是经济的原动力，消费者才是市场经济的主人。

移动互联网时代的到来，使得大量新的商业实践成为可能。在新零售业态、新支付方式、新消费渠道、新消费模式、新消费理念等各个方面都开始出现变革和升级的时候，一些新现象、新业态、新模式促使人们开始重视并思考消费的本质。

“新消费”概念是近几年比较火的一个词，它的出现将加速推动整个商业模式的蜕变。传统的生产组织方式、营销模式将发生颠覆性的变化。消费革命的本质是产购一体化的结盟，必将催生一个新角色的诞生，那就是为厂家与消费者建立链接的中间平台。于是，一种新型的商业主体——消费商应运而生。

在引领消费升级的过程中，消费商模式能够产生强劲的助推力。在这一新型商业营销模式下，消费者的消费行为被视作一种投资行为。他们通过分享自己的消费体验进行产品营销，从而成为消费商，能够参与利润分配，与生产者共享产品销售利润。此时消费者不再只是处于消费链末端的被动者，已然成为下一个消费链前端的参与者。消费不再是一种单纯的支出，还能够产生经济收益。

同时，消费商将在厂家与消费者之间起到桥梁作用，降低双方沟通成本，实现无缝对接。对于生产厂家来说，解决了宣传、销售问题，降低了人力、宣传和物流管理成本，厂家致力于生产、研发，回归生产本质，提升核心实力；对于消费者来说，则为其提供优质产品，创造分享获益渠道，实现消费获益，多方共赢。

本书兼具理论性、通俗性和可操作性的特点，通过具体生动的事例和深入浅出的分析告诉读者，消费的革命到底是什么？消费商到底是什么？它有哪些特点？它和传统的生产商、经销商有什么关联与区别？消费商模式在实际运作中的方法、技巧是怎样的？消费商平台怎样构建新的商业生态？商家又是怎样在这个新的商业生态中赢得市场的？消费者在这个新生态里又能把握怎样的商业契机？

书中还对消费商共享平台以及目前火爆的共享经济案例进行深入

剖析，指出其成功的奥秘所在，并对消费商营销实战攻略进行具体分析和介绍，使人们从理论和实战层面深入了解消费的革命，并能成为一名成功的消费商。

目 录

Contents

第三章 消费商的价值

第四章 传统商业模式 VS 消费商模式

第五章 消费商时代，确立消费者主权

第六章 网络新媒体在消费商时代的运用

第七章 共生共荣的消费商

第八章 分享消费是消费商的孵化器

第九章　新型电商平台上的商品链接

第十章　商业模式创新助推经济转型

The Revolution Of Consumption

第一章 认清消费的本质

消费者的消费开始从物质层面上升到精神层面，消费者不再单单追求商品的功能是否齐全，很多时候，他们开始关注商品是否能满足自己的精神需求。他们也不再仅仅关注商品的数量是多还是少，更多时候，他们开始关注商品的品质是否够好，能否体现自己的品位。

1.1

大历史视野下的传统商业消费活动

从大历史视野来看，作为商业活动重要构成部分的消费行为，常常受到当时历史条件下的社会生产力和科技水平的影响。人类从群居生活发展到家庭生活，从物物交换发展到货币交易，时代和历史的发展，使得人与商品之间的联系越来越紧密。

人类最早的商业活动是以物物交换的形式来实现的，那时，人们无法自给自足，但为了生存，只能进行物物交换。人们把自己不需要的物品拿到集市上去，然后换回自己急需的物品。在等价交换的基础上，交换双方既是交易者，同时又是消费者，此时双方的地位是平等的。

后来，由于物物交换的不便性和缺乏市场公平性，货币产生了。货币出现以后，货物生产者和使用者之间在时空上产生了分离。但是，货物的买方与卖方的角色十分清楚了，用货币来购买货物的无疑就是消费者。

据考证，“商人或商业”中的“商”，最初是一个原始部落的名字。其部落位于今河南省商丘的南部地区，部落始祖名叫契。因契跟随大禹治水有功被封于此。契的第十代孙名叫王亥。王亥从事牧业而擅长经商。他驯服牛来充当长途贩运的运输工具，史称“王亥服牛”。

王亥去世后，商族人沿其传统，利用牛车、马车的便利条件从事部落间的物品交换，以获取财富。王亥的第四代孙子成汤灭了夏，将都城迁到殷，故商又称殷。而商人仍自称为商。

外部落的人看到商族用牛车、马车拉着货物远道而来，进行以物易物的经商活动，就会大声叫喊：“商人来了，商人来了。”最初这个称呼还是“商族人”的意思，后来“商人”的寓意就演变成了经商做生意的人。

古代的商业，由于地区间、人与人之间信息闭塞和交通不便，只能依靠对稀缺资源的掌握与转移实现巨额利润。这样就造就了一批又一批历史上富可敌国的巨贾豪商，如陶朱公、吕不韦等。这时，作为贩卖方的商人与购买方的消费者就构成商业活动的双方。

在这个时候，消费者能买到什么商品、价格多少，往往不能由自己决定，而要听从贩卖方即商人的。在这种商业模式下，消费者往往处于相对被动的一方。

宋代的时候，商品经济发展到前所未有的高度，城市人口大量增加，独立的商业中心开始出现，手工业生产技术及生产率不断提高，坊市界限被打破。作为纸质货币的“交子”开始出现了，交子的出现大大提高了商业贸易的支付能力。

银行在中国的大规模发展，其实是西风东渐的结果。银行因其资本的雄厚、经营网络的庞大、管理运营方式的先进而逐渐取代票号，运营至今。金融资本对商业活动的影响力是非常大的。在资本力量左右商业贸易后，消费者的地位和作用逐渐增强。后来，在构成资本的诸多要素中，又出现了消费资本的概念。

总的来讲，在传统的商业模式中，生产者依然占据着主导地位。

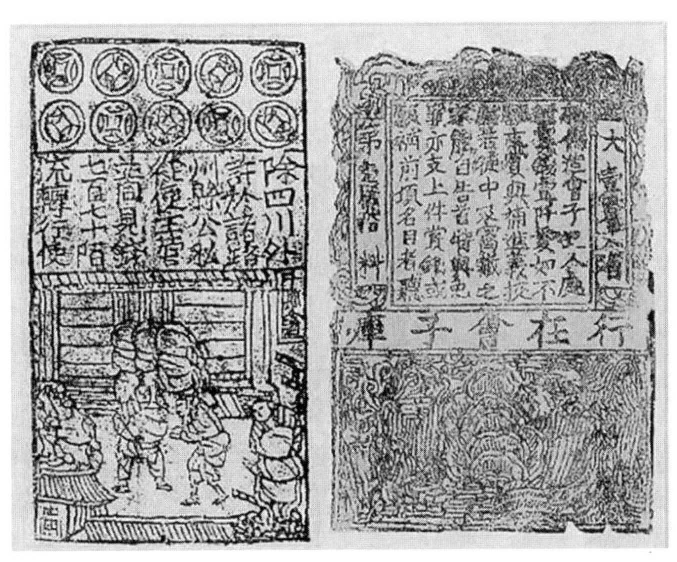

▲宋代的交子

产品提供方在一次次的变革中实现着财富的累积，而消费者只是单方面的货币输出。金融行业的出现，在一定程度上引发了人们投资意识的改变和提高，同时，也教会了人们一些简单的投资方法。但此时，投资和消费从根本上来讲仍是两种完全不同的经济活动。

20 世纪 50 年代开始，卖方市场逐渐形成，人们的日常生活必需品都要通过票证来购买。那个年代，商品的稀缺造成了消费者的被动和消费者对自身权益的忽视。这时的消费是消耗性消费，消费者单方面付出货币，售卖者提供商品或者货物，在一买一卖之间，消费者和商家形成的是一种钱货两清、互不相关的关系。

而改革开放以后，社会主义市场经济得到了充分的发展，买方市场逐渐形成，消费者不再担心物质和资源的匮乏，开始有了消费的选

▲中国通商银行

择权，并逐渐掌握了消费的话语权和主动权。这时候，市场竞争日渐激烈，生产者或者商家需要深入探究消费者的内在需求。此时，作为生产者或者售卖者，他们更多地会考虑消费者的诉求，千方百计想做出满足消费者需求的产品。

随着社会主义市场经济的发展，商品的产能和市场规模逐渐走向饱和，商业竞争更加激烈。厂家和商家使出了浑身解数，企图吸引消费者群体的注意力，激起他们的购买欲望。厂家和厂家之间因为同质化的竞争造成了产品压库滞销，所获利润下降。

与此同时，不恰当的市场竞争也造成了厂家在开发和设计产品时的创造力降低，很多时候，厂家设计出来的产品不能满足消费者精神层面和物质层面的需求。

此时，消费者和生产者开始共同深挖消费的本质，他们发现原来消费才是促进生产力发展、提升社会经济活力的本源。这一点恰恰和过去生产决定消费的情况完全不同。

新时代下，消费不再由生产决定，而生产却要由消费决定，没有消费就没有生产。与此同时，消费者终于觉醒，他们此时才知道自己才是市场经济的主人，他们开始关注自己应得的权利和利益。商家也发现，原来消费者才是他们最重要的同盟。当两者都觉悟的时候，双方开始尝试着寻找方法发生连接和关系，开发消费价值，谋求共同利益。

1.2

移动互联网时代，消费行为发生了重大变革

每一次消费的升级都会带动一大批新的经济业态和新的消费模式的崛起。

美国《华盛顿邮报》2018 年 1 月 11 日发文章称：如今中国人与美国人购买的东西一样多，这是颠覆世界的“游戏改变者”。

与此同时，日本瑞穗银行预测，2018 年中国国内零售额将略超 5.8 万亿美元。与十年前相比，这是令人瞠目结舌的增长，当时中国的零售额仅为美国的 1/4。中国迅速增多的中产阶层正迫切希望购买品牌服装、汽车

和手机等各种产品。如今中国的上海被时尚界称为“东方巴黎”。

近几年来，我国的国民消费能力正在不断提高，城市化进程不断加速。有数据显示，2017 年前三季度，全国最终消费支出对经济增长的贡献率达 64.5%，同比增长 2.8 个百分点。拉动国民经济增长的“三驾马车”中，消费的贡献程度最高。

应当说，2017 年是新消费全面变革的一年。就拿一个日常生活中的人来说，他可以骑着共享单车，到现代化的购物中心去看电影，在影院门口输入代码或者直接扫描二维码，取出订好的电影票。看完电影吃晚餐，手机自助点单，扫码自助买单，并且还有优惠。简单的操作充分体现了新零售业态、新支付方式、新消费渠道、新消费模式、新消费理念等各个方面的变革和升级。

消费者的消费开始从物质层面上升到精神层面，消费者不再单单追求商品的功能是否齐全，很多时候，他们开始关注商品是否能满足自己的精神需求。他们也不再仅仅关注商品的数量是多还是少，更多时候，他们开始关注商品的品质是否够好，能否体现自己的品位。新型的消费模式目前已在多个领域迅猛增长，并且有持续加快的趋势。

消费领域的融资情况持续活跃，品牌消费、线下连锁和模式创新的电商成为投资人的大爱。2017 年 11 月 12 日零点，全球电商平台的单日成交额新纪录定格在 1682 亿元。这是天猫“双十一”当天全天成交额。

而 2009 年“双十一”诞生时，阿里巴巴的交易额只有 5200 万元。可见，2017 年“双十一”网购成交额较九年前增长了三千多倍。海外媒体不禁感叹：“中国正在经历一场消费革命。”

▲天猫“双十一”全天成交额 1682 亿元

在中国制造不断崛起的背景下，中国的产品通过电子商务平台正以其质量、性能、价格的优势以及与日俱增的口碑效应，赢得全球消费者的青睐。

2017 年，“共享经济”成为财经热词。消费者利用“互联网 +”创造了很多新业态，线上平台也为消费者带来更多的发展机遇。这充分表明消费者的身份、话语权及需求发生了根本性变化。在消费升级的趋势下，“新消费”的概念正在浮出水面，并将加速推动整个电商行业的蜕变。

2017 年 11 月 6 日，网易公司董事局主席兼首席执行官丁磊在一篇题为《新时代　新消费　新模式》的专题演讲中，首次提出了“新消费”这个词。“新消费”是一个完全以用户为中心的新概念，“新消费”概念的提出，恰好将网络购物的核心重新转移到消费者身上。

“新消费”即“所有零售形式的演变，不论从服务、销售，还是陈列方式，都源于对用户需求的理解”。在全球品牌迎合中国消费者的大环境下，新消费概念中“以人为本”的核心理念，更为现实地切中了用户的真实需求。

中国消费者正在逐步成为全球消费市场新的主宰，越来越多的电商平台和海外品牌都看中了中国这一个庞大的消费市场。为此，满足消费者在格调、品质、功能性上的迫切需求就成了必要。

马云的“新零售”，从某种程度上讲是“由人到货”的模式。消费者基于自身需求或是受到消费刺激，主动完成购物体验。而“新消费”则是“由货找人”的模式。在这个模式中，消费者居于“上帝”的位置，货物服务于人的需要。买卖成功的关键是商品能否满足消费者的需求。显然，“新消费”模式带有一种人文主义色彩，体现了消费者的尊严。

正是基于“新消费”概念中消费者地位与角色的转变，一场以消费者为主导，以消费分享为要点的“新消费”革命正在逐渐形成。

1.3

新的商业模式促使消费领域发生了变化

1. 常见的电商实践模式

进入互联网时代以后，高科技的迅速发展对现代商业发展产生了革命性的影响，商业模式也因此产生重大的变革。随着科技的发展和物质资源的极大丰富，消费者的身份、话语权及需求也在发生变化。

消费者由原来的被动消费向主动消费转变，由以前的有什么就买什么，到我选择买什么，再到我要什么商家就生产什么的方向发展。消费不再是一种单纯的消耗，而是更深层面的生产，消费推动生产，消费推动经济的发展。

当前的电商贸易实践有以下几种模式：

（1）O2O零经销商模式

O2O模式，即Online To Offline，又称离线商务模式，是指线上营销、线上购买或预订带动线下经营和线下消费。这种模式将线下的商务机会与互联网结合，让互联网成为线下交易的前台，这个概念最早来源于美国。

电子商务具有全天候、低成本、高效便捷的特点，能够对供求信息进行快速传递和即时反馈，使得上游供货方与下游零售店铺之间形成直接交易。厂家产品信息快速到达各零售店，而零售店铺的订单实行集中采购，厂家针对实际订单量进行规模化生产。这样就减少了中间环节，产销环节大为缩短，市场更具有定向化的流通特质。最重要

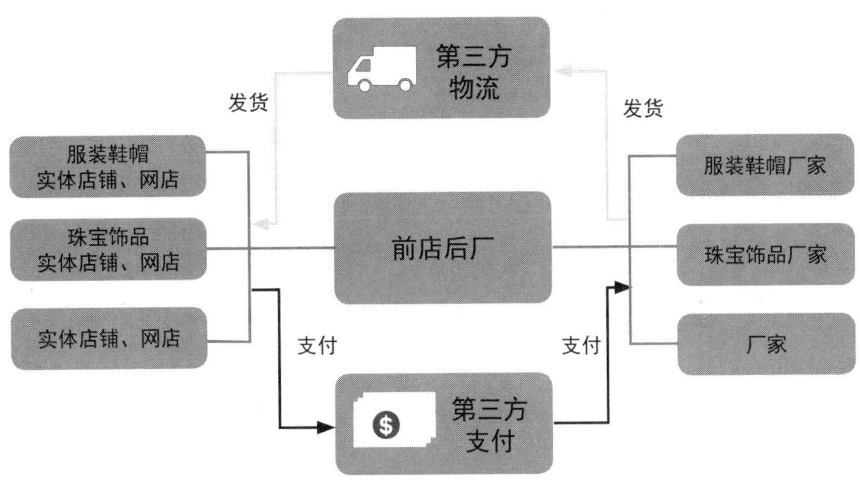

▲O2O零经销商模式

的是价格体系得到了保护。

（2）精准对接模式

这种模式主要适用于国内市场，针对的对象是重点消费品。通过对店铺和厂家进行认真分析和挑选，将那些市场关注度较高、销售业绩较好的店铺和那些产品设计和质量都得到市场认可的厂家一一纳入视野，供销双方进行精准对接，从而降低店铺经营者从海量信息中获取进货信息的难度，使得交易双方的匹配与对接高效快捷地完成。

（3）信息共享模式

这种模式的最大特色是在上下游产销链条之间，搭建起数据信息共享的桥梁。这体现在两个方面：一方面主要是为生产厂家适时提供店铺采购产品的数据情况。店铺每次购货都会有积分，并享有一定的优惠待遇，从而使客户关系进一步绑定。

另一方面，厂家商品存货信息实现与店铺购货信息共享，从而有利于店铺随时了解厂家库存情况，甚至本地区其他店铺存货信息，以便于采购和同城调货。对于生产厂家来说，则可以方便地管理整个销售环节的存货情况，并依据销售实际的动态数据进行生产、采购、库存等。从而大大降低生产经营成本，并能有针对性进行市场开拓和开展营销活动。

（4）产销端口集成对接模式

在这种模式下，电子商务平台与实体店铺签约，将零售店铺的采购业务交给电商。然后，再由电商平台代理零售店铺来挑选合适的生产厂家进行采购。

电商平台将厂家拓展业务和零售商采购业务的两个端口实现集成化对接。在这样的电商模式下使实体店采购货物效率提高，而厂家也能迅速找到销售渠道，实现产购对接。

这几种商业模式通过电子商务平台和大数据，将生产者与消费者的距离迅速拉近，甚至零距离。不过，这些做得还远远不够。在互联网经济时代，只有进一步深挖消费本质，推动消费革命，才能更深层次地推动生产，激发经济活力。

2. 商业领域正在发生新的变革

当前，商业消费领域正在发生十分显著的变化。主要表现在：

（1）网购电商平台功能十分强大

电商平台与大数据、云计算、互联网金融等相关联。超级电商平台占用了用户的大部分时间和精力，牵引着人们的时尚潮流，引导着人们的消费观念。

（2）消费者结构发生了重大变化

80后和90后是消费的主力，他们更加注重品质与个性化。80后和90后是伴随着互联网长大的一批人，他们长时间受到互联网的影响，脑海中不可避免地具有超前的个性化思维，而这种个性化思维在不自觉中就会催生新的商业模式。

根据有关数据显示，80后和90后每天平均上网时间是3～5个小时，而网购的时间就占据了50%以上。80后和90后正在或者说已经成为消费的引擎，很多时候，他们喜欢分享，愿意分享。不管是车子还是房子，他们都愿意分享。慢慢地，分享经济就产生了。

（3）消费渠道更多、更新、更加便捷

百货商店及大卖场辉煌不再，百货商店以及一些老店同比下降严重。再加上，电商平台上卖的东西都比较便宜，因此，人们都愿意去电商平台上买东西。毕竟，便宜才是硬道理，是颠覆市场的核心要素。

（4）消费者行为习惯出现了新特点

市场经济发展越来越快，用户注意力的持续时间却越来越短。很多时候，人们不会再按部就班地看完一部电视剧，而是按照自己的喜好，选择快进。由于人们消费方式和行为的转变，商家或者生产者的营销方式也开始讲究“短平快”了。

现在中国很多年轻人会花大量时间泡在网络社交群里，他们在网络社交群里的活动对很多品牌的互联网“裂变式传播”起到很大的推动作用。我们常常会发现有趣的一幕：企业纷纷在自己的官网上设立论坛或社群，供消费者在上面讨论，希望消费者对产品的使用留下意见和建议，这样，生产者才能及时了解消费者的需求，并做出相应的改变。

如果产品让消费者感到满意，他们就愿意花高价去购买这款产品；如果产品不能满足消费者的需求，他们就会拒绝消费。从这个角度来看，此时，消费者仿佛真的成了“上帝”。

很多消费者都很乐于参与到这种讨论中去。他们指出产品的缺点，还积极主动地提出改进方法。在这个过程中，消费者共同参与和打造了产品，因此，新的产品在生产制造过程中，也有消费者的功劳。这时候，消费者已经不再是单纯的消费者，他们参与了生产过程。当产品做出来后，他们更愿意去买这款产品。因此，他们的消费又可以称为生产型消费。

可见，新消费革命就是要让消费者拥有选择权，有消费的自由，有定价的权利，有定制的权利，真正满足消费者的个性需求。

生产型消费模式正日趋走向成熟，甚至进入急剧裂变的阶段。为什么会出现这种情况呢？主要是因为生产型消费者在参与产品生产的过程中，萌生了经营意识和财富理念。消费者知道，每个人都可以创造财富，既然能够以资本生钱、以钱生资本，再从资本生钱，那么也能以钱生钱。一旦时机成熟，他们就能从生产型消费者转变成一名商人——消费商。

真正的消费革命，在于消费者与生产者实现利益捆绑，消费者也成为商品产销利益链条上的重要一环。消费者不再只是产品和服务的被动使用者，他们也可以参与到商业的运作中来，成为产品和服务的推广者和经营者。当他们获得商业利润的时候，消费商就诞生了。

1.4

详细解说三种不同类型的消费

美国著名的广告大师李奥·贝纳曾经说过一句话：“占领市场必先占领消费者的心灵。”这句话成为无数生产者和经营者的座右铭。然而，你真的了解消费者的消费需求吗？

消费的真相是什么呢？加尔布雷斯，美国经济学会会长，他一生都在致力于市场经济研究。在他看来，市场是生产者的市场，生产者制造什么，消费者就消费什么，消费者始终处于一种被动的局面中。为此，他提出了“生产者主权”这一概念。

与加尔布雷斯的观点不谋而合的是中国

古代传统的消费思想，这个消费思想的代表人是战国时期的商业天才白圭。白圭和加尔布雷斯一样，都认为消费者是市场中的被动者，而市场主权在生产者手里。于是他介入市场，进行转手倒卖粮食和手工产品的商业运作。

在白圭的商业运作中，消费者依然处于被动的局面当中，经销商带给他们什么，他们就接受什么。消费者的权益依然没有得到保障。这也给人们造成了一种假象：消费者主权并不存在。

然而，我们仔细分析后发现，在这场商业运作里，无论是粮食还是手工产品，也都是白圭所需的日常用品，白圭也是消费者，但是比起其他手工业者和农民等消费者，白圭的消费资本更低，他的这种消费通常被视为流通环节，总是被人们忽视。通常情况下，人们只看到表面上的消费，即消耗型消费。

1. 消耗型消费

在传统的观念中，一提到消费，人们就会想到消耗型消费。消耗型消费，是以失去资金为代价的一种消费。消费者处于产品链的末端，他们的购买行为只是单纯的消费，付出去的资金不会转换成任何资本进行再次财富增值。这种消费为消费者带来的唯一好处，就是能满足消费者自己的需求。除此之外，再无其他。

这种消费活动主要是通过购买者使用货币购买生活必需品来实现的。非但不能给消费者增值，还会导致消费者的财富减少，所以消费者对于这种消费总是保持着冷静、慎重的克制状态。

对消费保持冷静与克制状态的消费被称为理性消费。理性消费的思想，最早萌芽于四五千年前的奴隶社会时期。在此之前，社会中实行生产资料公有制，没有市场贸易，每个人的消费都是相同的。但从奴隶社会开始，大多数生产资本被富人占有。富人为了扩大财富，穷人为了获得生活必需品，于是商品交换和市场贸易出现了。

后来，社会出现了贫富差距，因此消费也有了差别。占有大量资本的富人在消费方面，表现得极尽奢靡；而占有资本较少或者几乎为零的穷人只能通过努力劳作，才能获得极少一部分货币。因为获得的货币极少，所以他们不得不在消费上精打细算，以此艰难地维持生存。

当时的社会主流思想也对理性消费观起到了引导作用，很多名流为此发言，其中最著名的便是孔子的那句“公食贡，大夫食邑，士食田，庶人食力，工商食官，皂隶食职，官宰食加”。这句话很清楚地指出等级差别造成了消费差别。富人可以尽情挥霍货币，任意享受资本；而穷人却必须勤俭节约，才能满足日常的消费。

▲至圣孔子

孔子在消费观上持两种态度：一种态度是主张人们在礼仪方面的消费要舍得、要张扬。《论语·八佾》记载：“子贡欲去告朔之饩羊。子曰：‘赐也。尔爱其羊，我爱其礼。’”这句话的意思是：子贡提出去掉每月初一日告祭祖庙用的活羊。孔子说："赐，你爱惜那只羊，我却爱惜那种礼。"孔子还有一种消费观是主张俭朴的消费。

表面看来，孔子的这两种消费态度是相互矛盾的，其实，不然，孔子这种消费思想是根据经济能力来决定的，它从道德方面对民众的消费行为进行约束。两千多年来，这种理性消费思想一直主导着人们的消费观。

这种理性的消费观一直潜存于中国几千年的市场经济交易中，直到互联网时代兴起，消费的力量才被显示和挖掘出来，人们才发现，消费不只是消耗，它可以变成一门商业，每个消费者都可以成为一名消费商。

2. 投资型消费

在消费商崛起之前，消费市场中除了消耗性消费之外，还有一种消费名为投资型消费。所谓投资型消费，是指消费者为了获得额外收益而产生的消费。前文提到白圭的消费其实就是投资型消费的雏形。

通常情况下，人们只关注到白圭的转手倒卖，将他对商品的转手倒卖视为完全的商业行为，殊不知，白圭也会消费这些产品。但在几千年后，有人注意到白圭的那种表象消费行为背后其实还存在着另一种消费形态，后来，人们对这种消费形态加以探索和研究，最终形成了投资型消费。炒房是投资型消费中最经典的一种案例。

炒房投资早在汉朝时就已经萌芽，但是，重农抑商的权贵萧何非常鄙视这种投资型消费行为。而且，他也担心这种炒房投资行为会引起市场兼并土地现象的发生，因此，他“置田宅必居穷处”，而且所建房屋从不维修院墙，看上去就是普通的农家小院。

萧何的这种做法，其实用意颇深。萧何曾经说过一句话：“如果子孙有出息，会从其中学会我俭朴的消费方式；如果子孙平庸，也不用担心房屋豪华而被他人抢夺。”他的这句话对他的后世也影响深远。

从萧何对他后世子孙的教育中，我们可以看出，汉朝时期的炒房投资行为的收益其实是很大的，而这种炒房投资行为也是很受民众喜爱的。

到了唐朝，炒房投资消费已经发展成全民认可的一种消费行为，就连皇太子也参与了进来，与民众一起炒房。“顺宗在东宫，舍钱三十万，为（贾）昌立大师影堂及斋舍。又立外屋，居游民，取佣给。”这是《太平广记》中的一段有关于唐顺宗的记载，在他还是皇太子的时候，就已经看好炒房投资消费了，于是，他出资造宅，并以租赁收取房租的方式获得利润。

投资型消费让一批人首先富了起来，这批因投资而富起来的人尝到了投资的甜头，他们拥有了资本，于是，他们开始大肆地消费，而消费在某种程度上来说，其实也是一种投资，因为投资，这一批富人又会获取更大的资本。而穷人呢，他们没有资本去进行投资，也就不能获得资本，更不能获得消费，没有消费也就不能有投资，以此类推，循环往复。于是，穷人只能在勤俭克制中进行消耗型消费。

时至今日，炒房已经从投资型消费的鼎盛时期跌落下来。房地产带来的经济消费泡沫引发了金融乱象，普通民众连消耗型房产消费都不能拥有了。鉴于这种现象的出现，政府出台相关政策，给楼市定价，从而弱化了房地产投资属性，炒房投资消费也趋于终结。

不过，人们在炒房中也明白了一个道理，消费不只包括消耗型消费，还包括投资型消费。

在炒房的过程中，普通民众的理财意识诞生了。在消费的过程中，他们用理财意识主导消费，各种投资型消费也应运而生。炒股、买基金、买收藏品等消费行为，都是投资型消费。随着市场经济的快速发展和理财意识的普及，投资型消费已经成为一种大众化的消费方式。

投资型消费和消耗型消费是两个不同的概念。投资型消费，最终的落脚点是在消费上面，它用来消费的那部分资金没有马上终止消费行为，而是继续保持消费状态，在这个状态中使资金得到增值。投资型消费的投资者大多是企业或个人。

3. 生产型消费

随着互联网的兴起，各种电子商务平台问世，传统的市场经济模式也因此被改变，人们的消费观念也随之发生了翻天覆地的变化。

电子商务平台打破了时间和空间的经纬度，在这个平台上，消费者不再受时间和空间的限制，只要自己喜欢、需要，就能购买到手。人们也不再听凭市场的“摆布”。企业生产什么，消费者就消费什么的模式已经一去不复返了。但是，在以生产者和经销商为主导的市场经济中，消费者依然处于弱势地位，依然是弱势群体，没有从根本上获得消费公平。

那么，如何达到公平消费呢？这是近二百年来西方经济学家们所探讨和研究的问题。

美国哥伦比亚大学教授约瑟夫·斯蒂格利茨是诺贝尔经济学奖获得者，他是全球过去半个世纪以来，经济学领域影响最深远的经济学家之一。他说："竞争市场可能会带来很不公平的收入分配，这会使得一部分人缺乏赖以生存的基本生活资料。"

与斯蒂格利茨的观点遥相呼应的是美国的另一位经济学家阿瑟·奥肯。他提出了公平消费的解决办法："在平等中注入一些合理，在效率中注入一些人道。"

在两千多年前，中国也有人一直在关注公平消费这个问题，这个人就是墨子，他的很多思想在当时已经超越西方的经济学家们。

墨子在《辞过》里说："富贵者奢侈，孤寡者冻馁，虽欲无乱，不可得也。"这句话的意思是：倘若消费不公平，富人就会消费奢侈，穷人则无金钱消费，那么，社会安定将无从谈起。

为了实现公平消费，墨子提出了解决的办法，这个方法是消除消费悬殊。但是千百年来，人们通常都把推动市场经济发展的功劳归功于生产资本，在很大程度上，忽略了消费者的力量，从而导致对消费者不够重视，因此公平消费的问题始终无法解决。

互联网时代的商业贸易活动打破了传统的市场经济体系。一旦消费者有了选择权，以生产者为核心的商业模式就不复存在了。在新的商业模式中，无论是服务还是产品质量，或者说产品功能，都应当以消费者为核心。

"十九大"报告中提出：要大胆创新更要公平发展。而正是遵循着这样的指导思想，互联网创新升级为市场经济的公平性和消费者的经济权益提供了保障。利用互联网平台，让买家和卖家共享应得的剩余价值，是保障市场公平分配，推动市场经济健康发展的必然趋势。

1.5

消费升级促使消费商的产生

在当今全球化的时代背景下，品牌已成为一个国家、一个企业实力与形象的重要标志。

企业拥有了品牌就拥有了市场。在竞争日益激烈的全球化浪潮下，只有紧紧抓住互联网发展的新机遇，以振兴民族品牌、企业自主品牌为己任，进一步推动新消费革命，实现消费观念和消费方式的创新升级，才能为快速成长中的民族企业建立、打造优秀自主品牌，抢占品牌先机和高端市场，提升整体竞争力和品牌美誉度，实现“品牌先赢”，从而走向卓越。

未来的消费趋势是由消费者主导的，企业若想长久发展，必须拥抱消费者。因此，企业必须坚持以消费者为中心，让更多消费者感受到商品质量和价格带来的购物幸福感。

所谓“消费升级”就是消费观念升级引发的消费需求由低层次往高层次的升级，由此还会引发消费群体和消费结构的升级，引发产品和服务朝着“品质、品位、品格”的方向升级，不断打造新的流行品牌，最终引发整个社会和商业生态的变革。

譬如新零售代表“盒马鲜生”，它既是超市，又是餐饮店，也是菜市场，消费者可到店购买，也可以在盒马 App 下单；它可以快速配送：门店附近 3 千米范围内，30 分钟送货上门。

“盒马鲜生”低调筹备两年多，阿里巴巴董事局主席马云到店走访，从此“盒马鲜生”的新零售模式被推到了聚光灯下，正式成为阿里巴巴旗下继淘宝、天猫、菜鸟、蚂蚁金服之后的又一新成员。

喜茶，芝士奶盖首创者，有别于市面上制作粗糙、茶汤廉价的传统奶盖，喜茶专注于呈现来自世界各地的优质茶香。喝过喜茶的消费者都对它赞不绝口。

喜茶是即饮界的新贵、排队界的传说、网红界的招牌、创业界的黑马，卖的不仅是一杯茶，更是一种用户体验、一种特殊的茶文化情怀。喜茶的消费群体多是 90 后，喜茶推广的营销理念完全契合 90 后的消费心理。可以说，口口相传的口碑式营销是喜茶成功的关键。而喜茶也是线上线下分享式消费中十分成功的案例。

消费升级正在成为一种新的生活方式。在新消费的框架内，回归品牌、体验和品位正在成为一种不可回避的购物原则。

新中产阶层崛起后，一部分消费群体明显倾向于经过“筛选”的优质互联网服务，他们要购买的往往是所谓的“完品”，包括产品、品牌、体验，更喜欢购买有品质的产品，更喜欢有品格的品牌，更喜欢有品位的体验。

为了快速接受前沿的知识，眼光挑剔的年轻消费者会选择《罗辑思维》这样的媒体；为了找到好看的电影，他们懒得自己费力地去挑选，会直接从有关电影推荐的网站平台上获取。

由于网站平台上有时也有很多虚假的信息，因此，他们更愿意在已经经过筛选和精简化的产品中选择。这对消费商们来说，是一个值得关注的消费新动向。准确地来讲，从消费者角度出发的“新消费”“分享消费”就发端于此。消费商应该充当海量商品消费的筛选者、精简者，优中选优，分享和推荐有品质、品格和品位的商品。

在引领消费升级的过程中，消费商模式能够产生强劲的助推力。从某种意义上来说，消费商的存在为人们节省了很多时间和成本。为什么这样说呢？主要是因为消费商亲自试用过消费者所需要的产品或者服务，他们客观、真实的评价会让好的产品继续生存，差的产品被淘汰出局。

消费商模式的核心理念正是“分享消费”，而这也是经过人们体验消费后的产物。这种对特定高端品牌的社群共享、价值认同和情怀连接，便是消费商最典型的营销理念。因此，在消费升级中应运而生的消费商模式，必将对中国民族品牌战略产生深远影响。

案例
中国十大商人

古往今来，每个朝代都会出现几位颇具传奇色彩的商界巨子，他们腰缠万贯、富可敌国，甚至还能跻身政界，影响朝堂。这些商界巨贾们所经历的财富人生成为后人无法超越的经典。

陶朱公：忠以为国；智以保身；商以致富，成名天下。

陶朱公，春秋末期人，即历史上的范蠡。范蠡因为辅佐越王勾践灭吴复国而名垂史册。功成名就之后，他化名姓为鸱夷子皮，泛舟五湖，遨游于七十二峰之间。其间三次经商成巨富，又三散家财，自号“陶朱公”。他曾被称为历史上弃政从商的鼻祖和功成身退、下海经商的成功典范。

《史记》中记载“十九年中三致千金，再分散与贫交疏昆弟”，他赚了钱就从事各种公益事业，获得了“富而行其德”的美名。几千年来，他已成为从商之人效仿的楷模。后人称他：“忠以为国；智以保身；商以致富，成名天下。”后代许多做生意的商人皆供奉他的塑像，称之为“财神”。

端木子贡：能言善辩的中国最早儒商

端木赐，字子贡，是孔子的得意门生，被尊为儒商鼻祖。在孔门十哲中以能言善辩闻名于世。同时，他精明强干，办事通达，善于经商，曾经在曹国、鲁国之间经商做生意，积累财富以致千金，为孔子弟子中少有的商界奇才、致富能人。

据说，他曾自费乘着高车大马奔走于列国，说齐、存鲁、霸越、亡吴，颇有纵横家的风范。当年孔子东游时所费财资，也全部为子贡所出。孔子曾称其为“瑚琏之器”（古代宗庙中盛生黍的祭器，常用来比喻有立朝执政才能的人）。后世所传“端木遗风”，是指子贡遗留下来的诚信经商风气，即“君子爱财，取之有道”。

白圭：第一个把经商当作学问的人

白圭，字圭，名丹，东周洛阳人。他是最早的经商理财理论的鼻祖。他曾在魏惠王属下为大臣，善于修筑堤坝，兴修水利。名相李悝还曾向他求教过致富秘诀。白圭经商速战速决，不误时机。他把经商理论概括为四个字：智、勇、仁、强，并以“人弃我取，人取我与”和“知进知守”的理财思想为后人所看重和借鉴。中国古代商人把他奉为“商祖”。宋景德四年（1007年），真宗封其为“商圣”。

吕不韦：一位把政治当生意做的商人

吕不韦是战国时期阳翟的豪富巨商。当时，他常常往来各地，以低价买进高价卖出的经商方式，积累起千金家产。他以“奇货可居”闻名于世，一生中最得意的大手笔是结识秦流亡公子嬴异人，并资助其回国即位，即秦庄襄王。吕不韦担任相国，从而成功实现由商从政的转变，登上人生的顶峰。他还组织门客编写了著名的《吕氏春秋》，留下了“一字千金”的成语。他被后人誉为“最成功的文化传播人”“广告业的老祖宗”。

沈万三：富有传奇色彩的江南第一富豪

沈万三是元末明初江南巨富。本名沈富，字仲荣，俗称万三。沈万三通过开展海外贸易而迅速成为“资巨万万，田产遍于天下”的江南第一豪富。沈万三把苏州作为自己重要的经商地，周庄就是因为有了沈万三才成为江南著名古镇的。

明初，朱元璋定都南京，修建都城时，沈万三资助朝廷三分之一的费用，可见当时的他富可敌国。朱元璋封了沈万三的两子为官。但不久，沈万三因其孙卷入蓝玉之案，被朱元璋发配充军云南，财产没收。沈万三的财富来源很大一部分是海上贸易所得，所以，他也算是历史上最早的国际贸易商人。至今，苏南、浙北、安徽一带仍广泛流传着关于沈万三发财、豪奢、田产、经商以及家庭生活诸方面的故事和传说。

伍秉鉴：名扬海内外的世界级豪商

伍秉鉴，字成之，号平湖，祖籍福建。清代广东十三行怡和行的行主。在经营方面，伍秉鉴不仅在国内拥有地产、房产、茶园、店铺等，他还在美国进行铁路投资、证券交易，并涉足保险业务等领域。他同欧美各国的重要客户都建立了紧密联系，并依靠超前经营理念在对外贸易中迅速崛起。

伍秉鉴在当时西方商界享有极高的知名度，成为洋人眼中的世界首富。西方学者称其为“世界上最大的商业资财，天下第一大富翁”。1843 年清政府令行商偿还《南京条约》规定的 300 万元外商债务，他独自承担 100 万。

胡雪岩：慈禧亲授红顶戴和黄马褂的红顶商人

胡雪岩，本名胡光墉，幼名顺官，字雪岩，出生于安徽徽州绩溪，近代“徽商”中的代表人物。胡雪岩最初在杭州城仁德钱庄做伙计，后来又在杭州设银号，又入浙江巡抚幕。太平军攻杭州时，胡雪岩从上海运军火、粮米接济清军，为左宗棠所赏识。1866 年，胡雪岩协助左宗棠创办福州船政局。在左宗棠调任陕甘总督后，胡雪岩主持上海采运局局务。

胡雪岩为左宗棠大借外债，筹供军饷和订购军火。依仗湘军权势，他在各省设立阜康银号二十余处，并经营中药、丝茶业务，操纵江浙商业，资金最高达二千万两以上。胡雪岩还获得慈禧亲授的红顶戴和黄马褂，成为历史上的第一位“红顶商人”。

王炽：一代钱王，富可敌国

王炽，字兴斋，云南弥勒县虹溪人，晚清赫赫有名的巨商之一，人称“钱王”。

王炽成立“滇南王四”马帮，专门在各地做“互通有无”的生意。他与旅渝滇商合营“天顺祥”商号，来往川滇互贸，积累了大量的财富。他还投巨资于刚兴起的银行票据汇兑行业，随后又与席茂之在昆明合资开设“同庆丰”商号，在当时全国22个行省中的15个行省以及香港、越南、马来西亚等地均设立了分行，被誉为“执全国商界牛耳”之云南金融业的开山鼻祖。

晚清名臣李鸿章曾称其为“犹如清廷之国库也”。英国《泰晤士报》曾对百年来世界最富有的人进行统计，排在第四位的便是王炽。

盛宣怀：中国实业之父

盛宣怀，秀才出身，原为李鸿章幕僚，清末洋务派代表人物。他负责总办全国电报业务，承办汉阳铁厂、江南制造局等实业。通过开厂办厂，他的家族聚集了大量财富，经统计其财富高达1349万余两银圆。

盛宣怀还创造了11项“中国第一”，分别是：第一个民用股份制企业——轮船招商局；第一个电报局——中国电报总局；第一个内河小火轮公司；第一家银行——中国通商银行；第一条铁路干线——京汉铁路；第一个钢铁联合企业汉冶萍公司；第一所高等师范学堂——南洋公学（交通大学）；第一个勘矿公司；第一座公共图书馆；第一所近代大学——北洋大学堂（天津大学）；创办了中国红十字会。

张謇：热衷教育的状元实业家

张謇，字季直，号啬庵，祖籍江苏常熟。他是清末状元，主张“实业救国”，是近代著名的“状元实业家”“状元商人”。他是中国棉纺织领域早期的开拓者，创办大生纱厂与垦牧公司致富，但他热心兴办教育。张謇一生创办了20多个企业，370多所学校，为中国近代民族工业的兴起以及教育事业的发展做出了重要贡献。

The *Revolution* Of Consumption

第二章 消费商应运而生

消费的目的是换取需要。但这并不是以消费资本为主导的市场经济中消费的最终目的。能够更好地体现消费资本价值的消费行为是投资，也就是在消费的同时，还可以赚钱，这也是消费的最终目的。

2.1

消费资本是一股巨大的资本力量

当人们意识到消费在推动国家、地区和企业的经济发展过程中起着至关重要的作用时，人们便对它重视起来。而就在这时，人们也发现，消费并不只是被动的消耗，消费其实也是一种资源。它和生产资本一样，对经济发展起着重要的推动作用。

一直以来，人们只把市场经济中的资本，视为单一的货币资本。即使是在成立公司的时候，人们也只以投资金额的多少来确定股东的控制权的大小。那么，在这样的意识形态下，知识投入和购买投入都被忽略不计了。

随着科学技术的发展，知识资本在市场经济中占据了越来越重要的位置。放眼望去，经济市场中的产品大多都是由知识创造出来的，此时，知识资本开始被人承认和接受。在公司中，人们不再只是以投资金额来决定控制权，投资人也可以凭着知识产权在股东中占据一席之地。

《公司法》第27条规定：股东可以用货币出资，也可以用实物、知识产权、土地使用权等可以用货币估价并可以依法转让的非货币财产作价出资；但是，法律、行政法规规定不得作为出资的财产除外。

此时，知识资本和货币资本终于可以站在同一平台上，享受市场的膜拜了。但是，人们依然没有认识到消费的重要性。1825年，第一次经济危机在英国爆发。

在随后的一百多年里，人们又经历了无数次的经济危机：1857年美国金融危机、1973年欧洲石油危机、2008年美国次贷危机，等等。一波又一波的经济危机将人们从“繁荣的春天”带到了“肃杀的寒冬”。此时，人们才开始认真观察市场，寻找引起危机的根源。

在总结经验之中，人们认识到消费也是市场经济中的一大资本。它与知识资本、货币资本同为市场经济的三大组件，三者并驾齐驱，从而拉动市场经济这匹“骏马”。

著名经济学家陈瑜教授的《消费资本论》一书中，是这样给消费资本定义的：“消费资本是以消费形态表现的资本。它包括在产品和服务的消费过程中，所有由消费者创造的市场力量及其价值表现。”也就是说，消费者不再只是消费链末端的承受者，它也是消费链前端

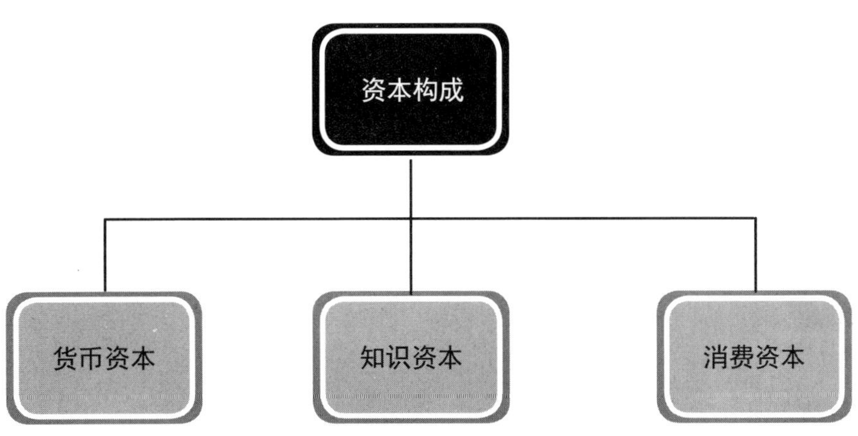

▲拉动市场经济的三匹“骏马”

的参与者。

思维转换，行为也就随之转换。消费者的消费，不再只是把消费的资金变成不能再增值的商品，它完全有可能把消费的资金变成一种投资。当消费能够成为一种投资时，消费资本的力量就显现出来了。

随着知识资本的加入，市场经济进入产品相对过剩的时代，此时，消费者便成了市场的主导者。消费者的货币投向哪里，哪里的市场就能获得繁荣，被购产品的企业也能得到发展。在这个过程中，消费资本就出现了。

简单地说，在市场消费中，消费者在某一家企业持续购买产品，那么等到消费金额积累到一定总量的时候，消费者一直以来所花费的金钱就会在企业中释放出价值来。这就是消费资本。不过，这个消费资本是狭义消费资本，因为它是消费资本总量在一定时期内在企业中释放出来的现值。

相对于狭义的消费资本，还有广义消费资本。广义消费资本，是指消费者在消费过程中创造的市场力量及其价值的总和。

市场经济三大组件中所说的消费资本，是广义的消费资本。而消费者个体的消费，是狭义的消费资本。无论是广义消费资本还是狭义消费资本，都有一个量化。

陈瑜教授说："消费资本量化是一个学术界非常重大的前沿课题。"他在研究这个课题后得出两个结论：

1. 广义消费资本的量化

企业和消费者是消费过程的主体，产品或服务是消费过程的客体。广义消费资本的量化需要综合考虑消费过程中的各个要素，建立庞大的测评指标体系，其中基本的要素包括企业、产品、消费者、营销策略和市场等，并在此基础上予以细分。

2. 狭义消费资本的量化

消费者的消费额是企业利润的主要来源。因此，狭义消费资本量化测评的基本思路是，企业把消费额中扣除销售成本和生产成本之后的余额，作为消费者对本企业的投资额，并按一定的时间间隔将相应的利润返还给消费者，使消费者享受投资成果。

个体消费汇集在一起，构成市场经济消费。一旦个体拒绝消费，那么消费资本就会终止，市场经济也就会陷入困顿。

2005 年，我国的城乡居民存款高达 14000 亿元。但同一时期，地方财政和企业经济都宣告短缺，出现银行存款高居不下和地方经济止步不前的并存现象。这就是消费资本被消费者个体控制引起市场经济困顿的最鲜明的一个例子。

事实上，消费资本的力量一直都在，只是它长期处于淡化的状态，没能引起人们的重视，所以导致经济危机接二连三地发生。现在，当人们挖掘出消费资本，并加以投资转化，消费资本的力量就赫然出现在人们眼前了。消费资本的力量巨大，但怎样释放这种力量，并将它量化，是人们一直思考的问题。

2.2

消费资本引发的第三次经济革命——消费革命

1. 第一次经济革命：发展经济，共同富裕

美国的罗兹·墨菲是一位亚洲历史学家，他对中国的历史非常了解。说起现代中国经济的时代划分，他说："历史时期的划分，永远是所有历史学家的一个难题，历史时期的命名，也同样棘手。"

不容易命名，但并不代表着难以划分。现代中国的经济，大致可以分为两个部分。从毛泽东领导人民"打土豪，分田地"开始，一直到 1979 年为止，是中国经济发展的第一

部分。从经济上来说，这是中国的第一次经济革命。在这次革命中，所有人都在为实现四个现代化而努力。大家的共同目标是“发展经济，共同富裕”。

但因为错误地效仿了苏联的计划经济体制，导致经济缺乏后劲，从而引发了一系列经济问题：生产什么？怎样生产？为谁生产？这些问题的产生，使得当时的中国人很是茫然。

列宁曾经说过：“只要存在着市场经济，只要还保持着货币权力和资本力量，世界上任何法律也无力消灭不平等和剥削。只有实行巨大的社会化的计划经济制度，同时把所有的土地、工厂、工具的所有权转交给工人阶级，才能消灭一切剥削。”

这种对市场经济的片面认识使得当时的很多追随者完全摒弃市场的需求，一味追求经济上的“共同”，最能体现这一点的就是当时的“吃大锅饭”。

经济上“共同”了，但是人民并没有“富裕”起来，中国也因此进入三年困难时期，第一次经济革命也因此以失败告终。当然，第一次经济革命也是有其积极性的，它虽然未能实现“共同富裕”的核心目标，但建立了比较完整的工业体系，从此，中国进入了经济准备起飞阶段。

美国经济学家华尔特·惠特曼·罗斯托于1960年提出了经济成长阶段论，他说，一个国家的经济发展可以分为六个阶段，分别是传统社会阶段、准备起飞阶段、起飞阶段、走向成熟阶段、大众消费阶段和超越大众消费阶段。20世纪70年代末期的中国，正处于摆脱贫困落后、走向繁荣富强的准备起飞阶段。

▲第一次经济革命“吃大锅饭”

2. 第二次经济革命：让一部分人先富起来

随着邓小平在南方的一声号令，中国迎来了改革开放，中国也因此开始了第二次经济革命。这次经济革命的核心目标依然是“共同富裕”，只不过，这次采取的方法是“让一部分人先富起来，然后再实现共同富裕”。

2015 年 1 月 23 日《人民日报》刊登了一篇名为《一些贫者从暂时贫困走向跨代贫穷》的文章，详细报道了中国经济的现状：收入差距扩大和财产差距扩大。这一现状也表明了中国目前的贫富两极分化现象非常严重。

2018年，改革开放正好四十年了，我国的经济在快速发展，人民的生活水平也在日益提高，与此同时，贫富差距也在不断扩大。

文章中指出，2003年我国居民收入的基尼系数为0.479，2008年高达0.491，这之后的几年，基尼系数不断下降但贫富差距依然存在。

很显然，第二次经济革命中，“共同富裕”的核心目标依然没有实现。不过，第二次经济革命为中国经济的发展也带来了很多好处，那就是经济体制的改革——中国的经济体制从社会主义计划经济体制转型为社会主义市场经济体制。

与此同时，中国的经济就像一只张开翅膀准备高飞的大鹏鸟，只要时机合适，就会一飞冲天。这个时机，就是中国的第三次经济革命。而这次革命，采取的方法是——消费。

3. 第三次经济革命：消费的革命

1978年，正是中国经济第一次革命的末期，此时，我国的货币总量是0.11万亿元人民币。12年后的1990年，我国的货币总量增长到1.53万亿元人民币，12年的时间，货币总量仅仅增长了1.42万亿元人民币。2014年，我国的货币总量猛然增长到122.83万亿元。

这组数据清晰地展示了我国经济在这几次革命中的显著变化。尤其是2014年的货币总量，竟然达到1990年的80倍，更是超过1978年货币总量的1000倍。

货币总量，就是市场流通中的纸币总额。货币总量越高，意味着市场经济越繁荣。

那么，到底是什么使得2014年的中国市场经济如此繁荣呢？答

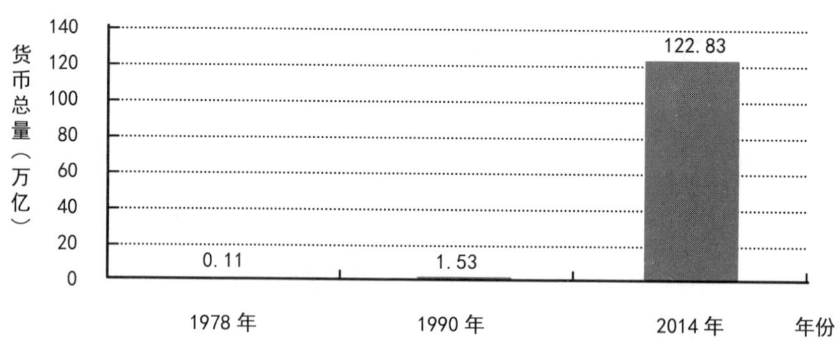

▲中国货币总量增长趋势图

案是消费！在这个产品“堆积如山”、严重过剩的时代，消费者主导着市场，只有消费者的购买力上升了，市场经济才会繁荣。因此可以说，消费决定着市场的兴衰。

前面我们也已经说到了，中国目前的贫富差距正在拉大，为什么贫富差距拉大却没有影响到消费者的购买力呢？

这是因为，现在的消费者和传统时代的消费者是不一样的。传统时代的消费者坚信消费就是耗损，始终秉持孔子的理性消费观，在个人消费上极尽克俭。但现在的消费者已经认识到，自己的消费行为是有价值的。他们愿意消费，让消费为自己增值。

那么，为什么说消费行为是有价值的呢？

我们先举一个例子。我们去商场购买一件商品需要花费 1000 元人民币，但这件商品的进价只有 400 元人民币，这就意味着中间的差价是 600 元人民币。在这 600 元的差价中，商家的各种成本费用加上应得的利润有 300 元人民币，那么还剩下 300 元人民币，而这 300 元人民币就是供人们砍价的部分，又名为利润空间。

如果说消费者相信产品的质量和商家的信誉，那么他就不砍价，那这 300 元人民币也就变成消费者的信任价值。只不过在以前的消费过程中，商家并不承认这一部分是消费者的信任价值，而是将它归纳到自己的原有利润中去，因此湮没了消费者消费能产生价值的这个事实。

消费行为都是有价值的。消费价值论的出现必然会引起一场经济革命。这就是消费为中国带来的第三次经济革命。那么，消费革命是怎样开始的呢？

从人们发现了消费资本那一刻起，人们的消费观念就开始发生变化了。作为市场经济的三大组件，消费资本、货币资本和知识资本一起肩负着市场经济发展的重任，那么，消费资本也应当参与企业利润和社会财富的分配。

意识到这一点之后，消费者们决定行动起来，将消费行为从耗损性消费转变为增值性消费。消费革命也就应运而生了。在这场革命中，消费者和商家都必须完成身份和心态的转变，只有这样才能获得消费革命的成功。

对于消费者来说，他们必须让自己从消费链的末端提升到消费链的前端，完成从耗损性消费者到消费性投资者的角色转换。

对于商家来说，他们要承认消费者在消费过程中的那一部分信任价值，并将这部分信任价值视为消费者在自己店里的投资。在后期的运作中，让这一部分信任价值增值，并把获得利润按比例回馈给消费者。

只要消费者和商家都完成心态和角色转换，消费革命就必然能够获得胜利。在这种共赢的局面下，中国经济革命一直提出的“共同富裕”的核心目标，也就自然能够实现了。

2.3

帕累托改进和帕累托最优

帕累托改进，是帕累托最优中的一种存在现象。帕累托最优，又名为帕累托效率，是由意大利经济学家维弗雷多·帕累托提出来的。

关于帕累托最优，帕累托给出的定义是：对于某种经济的资源配置，如果不存在其他生产上可行的配置，使得该经济中的所有个人至少和他们在初始时情况一样良好，而且至少有一个人的情况比初始时变得更好，那么这个资源就是最优的。

帕累托最优是关于经济效率和收入分配

的解释，所以被视为博弈论中的重要概念。人们除了将它应用在经济学之外，还把它广泛应用于工程学和社会学之中。多年来，政府和企业管理都在为帕累托最优而努力。

在实现帕累托最优的过程中，最常见的现象就是帕累托改进。帕累托改进，是指在不减少一方福利的基础上，通过改变现有的资源配置而提高另一方的福利。从另一个方面来说，就是如果经济达到了帕累托最优，那么就不会存在帕累托改进了。

那么，帕累托最优究竟是一种怎样的最优呢？咱们举一个简单的例子来解释这个概念：

假设A爱吃苹果，B爱吃香蕉。现在有10个苹果和10个香蕉需要分配。若把10个苹果给A，把10个香蕉给B，那么这就是帕累托最优，这时是不存在帕累托改进的。但是，如果你从A手里拿走苹果给B，或是从B手里拿出香蕉给A，此时，无论拿走哪一方的都会导致其中一个人的利益受损。因此，只有维持现状，才符合帕累托最优。

但如果A拥有7个苹果和3个香蕉，B拥有3个苹果和7个香蕉，前提还是A爱吃苹果，B爱吃香蕉，那么这时候就存在帕累托改进了。如果我们把B的3个苹果分配给A，或是把A的3个香蕉分配给B，这就是帕累托改进。这种改进帮助A和B去掉了自己不喜欢的东西，他们的利益不但没有受损，而且还因为分配到了自己喜欢的东西而受益。

在今天以消费为主导的消费资本市场中，有很多这种经过帕累托改进而使大家都受益的例子。其中，消费增值平台最为典型，比如分享加。分享加这类的消费增值平台的成立，是以市场总剩余为基础而建立的一种平台。那么，什么是市场总剩余？

消费者剩余 + 生产者剩余 = 市场总剩余。

市场总剩余是通过市场消费后，消费者和生产者能同时获取到的经济利益的总和。如果消费者不能在消费后再继续获取消费利益，就没有消费者剩余，市场总剩余也就不存在。消费增值平台的创立，就是为了挖掘和提升消费者剩余，从而创造出更多的市场总剩余。

消费者剩余，也就是消费价值，它只能在消费增值平台上产生。因为在传统的消费模式上，消费者和生产者是不可能直接对话的。无论你是哪一种消费，都有各自相对应的卖家。生产消费对应的是原料商，资产消费对应的是开发商，日常消费对应的是商场。

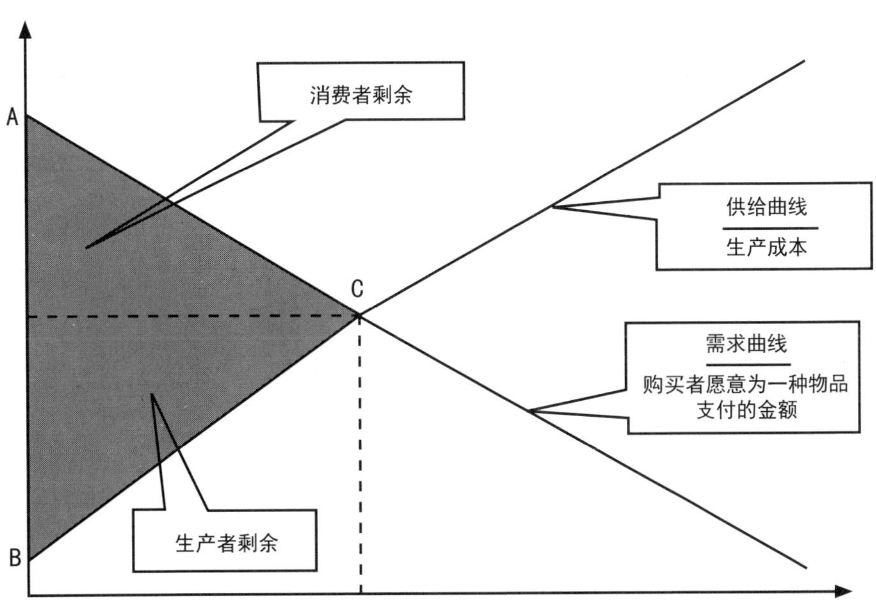

▲市场总剩余价值的构成

所有的消费剩余都被对应的商家收入自己的囊中，他们不会承认消费者消费后所对应消费者的信任价值。因此，消费者的消费也就无法增值了。

随着互联网的兴起，社会中出现了各种各样的电商平台，如淘宝、京东、美团等等，这些电商平台通过积分、团购等形式来拉拢消费者，但这些形式不能使消费者的消费获得增值。而消费增值平台的出现，则是以金融模式在消费者和生产者之间建立了一条通道，使得消费者的消费真正实现增值。

消费者在消费增值平台上向生产者进行直接消费，而平台则保证生产者承认消费者的信任价值，并利用这一部分信任价值进行投资生产，所获得利润再由生产者和消费者来共同分配。

这样一来，就实现了消费增值、双方共赢的帕累托最优，因此，

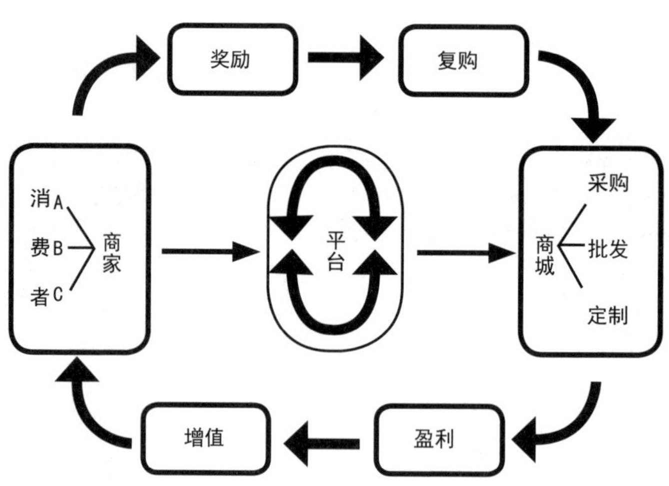

▲消费增值平台

消费者和生产者都能步入公平与效率的“理想王国”。那么，要想让消费者的消费达到帕累托最优，需要满足哪些条件呢？其实，无外乎以下三个条件：

第一，交换最优。

双方所拥有的一定要是各自最大的利益，即使再交易，其中一方也不能从中得到更大的利益。此时，任意两个消费者、任意两种商品的边际替代率是相同的，且两个消费者的效用同时得到最大化。

第二，生产最优。

这个经济体必须在自己的生产可能性边界上。此时，任意两个生产不同产品的生产者，需要投入的两种生产要素的边际技术替代率是相同的，且两个生产者的产量同时得到最大化。

第三，产品混合最优。

经济体产出产品的组合必须反映消费者的偏好。此时，任意两种商品之间的边际替代率必须与任何生产者在这两种商品之间的边际产品转换率相同。

2.4

颠覆认知的新消费观念

当电子商务席卷全球的时候，无论是电子零售商们还是零售店主们，都在大肆扩张的同时赚得盆满钵满。他们的生意之所以能够如此火爆，主要是因为互联网购物导致服务费用下降，聪明的生意人就将这部分利润用折扣的方式返还给了消费者。即使将一部分利润给了消费者，但从总体上来说，他们的利益并没有任何损失，他们只不过是丢失了“眼前的利益”，却获得了“长远的利益”。

消费者在购买所谓的打折物品时，内心当中会有窃喜，以为自己捡到了便宜，于是，大买特买，恨不得把整个超市中的打折物品都搬回家。随着互联网电商模式的发展以及消费者队伍的日渐壮大，电子零售商们也从消费市场中收获了巨额的利润。而此时，消费者也因为自身消费能力的强大而成了市场的主导。因此，全球最负盛名的《财富》杂志将现在这个时代称之为“消费者的时代”。

然而，在消费者的时代里，消费者每天所购买的打折物品真的就能让消费者省钱吗？不！答案是否定的。

大街上的商店里，每天都在喊着“商品六折销售”“全城最低价”，因为是“六折销售”“最低价”，所以，商店里每天都客流量爆满。店老板却因卖所谓的打折商品而成了百万或者亿万富翁。店老板赚得盆满钵满，而一批又一批的消费者也“消费”得很开心。毕竟，他们购买一件价值100元的商品时，因为六折销售，他们只花了60元，省下来40元，当然要高兴了。

但是，消费者真的捡到了便宜，省了40元钱吗？事实并非如此。事实是：顾客并非省下40元钱，而是从自己的净资产中消耗了60元钱。也就是说，当消费者购买打折物品时，这种消费行为依然是对自己净资产的一项消耗。折扣并不能给消费者真正省钱，更不能为消费者带来财富增值。

我们都知道，生产的最终目的是为了消费。无论是电子零售商还是零售店老板，他们把产品提供给消费者以换取利润收益，这是市场经济最基本的逻辑。消费的目的是换取需要。但这并不是以消费资本为主导的市场经济中消费的最终目的。

能够更好地体现消费资本价值的消费行为是投资，也就是在消费的同时，还可以赚钱，这才是消费的最终目的。恰如经济学家陈瑜教授说的那样：“消费者的购买行为，不再是单纯的消费，他的消费行为应该同时变成一种储蓄行为和参与企业生产的投资行为。”

只有把消费变成一种投资，才能体现消费资本的最大化价值。

投资，则是一种再生产行为。一旦消费者将消费转变成一种投资，那么他就完成了从消费者到生产消费者的蜕变。当大多数消费者变成生产消费者，生产消费者时代就到来了。消费者拥有“在消费的同时生产财富”的思维，这是生产消费者时代的标志。

互联网为消费者参加生产消费的革命创造了很大的方便。作为一个生产消费者，你把产品需求导向你的产品供应商，然后教其他人做同样的事情。

这种思维将打破“消费就是花钱”的传统观念，从而改变消费者“便宜购物”的习惯，进入消费者“聪明购物、购物投资”的模式。随着这种模式的持续和长期发展，消费者的生活和生活方式将会发生重大改变。

案例
前店后厂模式与私人定制

前店后厂模式主要是建立一种没有经销商的“网上批发商城”，主营业务为生活消费类商品，用信息科技连接上下游产业，建设“买全国货，货卖全国”的电子商务平台。平台上游供货选择制造厂家，下游购货锁定零售商户，去掉传统流通领域的中间环节，缩短从制造到销售终端的距离，创造商品流通的新生态。

这个模式依照“平台缩短产销链，业务整合进销存”的营运思路，按“网上运营+线下服务”的模式运作。销售和采购业务团队遍及各商业区和工业区，致力于为中小企业拓展市场，优化企业销售网络；为商户挑选厂家和产品，助力商户轻松经营。

传统的商业流通环节中，商品从制造厂家到零售商手里至少需要通过两次以上流通，即在厂家、批发商、零售店三者之间流通，如果还有一级批发商以外的二级批发商，就会有更多利润分享者，越多的流通环节意味着利益链条越长，价格被层层加码。

环节多直接影响产品从出厂到被销售的周期，企业在产品设计、原料采购、仓储运输、订单处理、批发经营、终端零售这六个环节掌控力减弱，不合理库存和过长周期显然增加了企业经营成本。

“前店后厂”被确立成厂家和零售商交易对接的专门平台，率先选择产品出色、品牌暂时并不出众的厂家成为上游供货方，电子商务渠道将填补企业传统渠道的弱势区域。

此外，一种以充分满足消费者个性化要求的私人定制模式与这种前店后厂模式相结合，全面促进产销一体化，提升企业市场占有率。

由于消费个性化的地位日益提升，私人定制逐渐流行。消费者可以根据自己的喜好和个性特点向商家或生产商提出定制个性化商品的要求。如新零售服装私人定制，就可以运用 3D 可视化定制模式，充分满足消费者关于服装款式、色彩、面料等方面的个性化要求，提升消费者的订制购物体验。

随着个性张扬时代的到来，私人定制越来越被人们推崇和接受，个性化的消费慢慢成为主流。因此，市场对个性一族的营销应该体现出更强的针对性。

The Revolution Of Consumption

第三章 消费商的价值

消费商时代，又称为“新计划经济时代”。所谓计划，是生产商针对消费者的消费需求来定制生产计划。这和传统的计划经济时代恰好相反，传统的计划经济时代是以生产商为主体，而新计划经济时代，则是以消费商为主体。

3.1

消费商，即生产消费者

消费资本的发现和分享经济的诞生，改变了传统的商业模式。

“如果你想变得富有，只要找到一个赚很多钱的人，然后按照他做事情的方式去做。”这是亿万富翁保罗·盖蒂说过的一句话。保罗·盖蒂之所以这样说，是因为他身边的朋友都是千万或亿万富翁，最低级别的朋友也是百万富翁。他通过观察这些朋友积累财富的方式发现，这些富人都是生产消费者。

生产消费者，这个词包含有“生产者”和“消费者”双重含义，也就意味着，一名真正的生产消费者，他在花钱的同时也在挣钱。

保罗·盖蒂说：“不能有效运用的金钱，

形同废物。”消费中的金钱亦是如此。所以，消费者要做能够增值的消费，而不是资产减少的消费。

富翁们从来不做资产减少的消费。在《邻家的百万富翁》一书中，美国著名作家托马斯·J. 斯坦利深刻地剖析了全球大多数百万富翁成功的根源——在财富的积累上，他们无一例外地选择了生产消费这条路。

全球大多数百万富翁在拥有自己的第一桶金后，绝对不会去购买诸如昂贵家具之类的物品，而是选择购买股票或房产等增值性消费品，哪怕是为了购买这些东西而负债都愿意。这些富翁们之所以做出这样的选择，是因为他们懂得，前者属于贬值性消费，无论那些物品多么昂贵，都会随着时间的流逝而贬值，而后者却会增值。

保罗·盖蒂的财富积累，便是通过这种生产消费的形式完成的。

20世纪20年代，保罗·盖蒂只是一个二十出头的小伙子，但那时他已经懂得了增值消费的精髓。当时，美国经济正处于大萧条的时期，受此冲击，美国石油业的油价和股票都纷纷下跌，下跌之迅猛，让人心惊胆战。

在所有的投资家和石油商都抛售石油股票时，盖蒂却选择了迎难而上。他把自己的资产全部都用来购买太平洋西方公司的股票。这样的投资消费简直太冒险了。盖蒂的做法自然受到董事们的反对，就连一直支持他的母亲萨拉都站出来反对他这样做。

但盖蒂却坚持自己的投资消费方式，他耐心地说服了母亲和董事们。他的坚持让自己拿到了太平洋西方公司的控制权。显然他的这次投资消费是正确的，要知道，太平洋西方公司可是加利福尼亚十大石油生产公司之一啊，能拿到它的控制权，就意味着在石油业立足了。

1953年，太平洋西方公司的股票价格飙升到每股47.75美元，这意味着保罗·盖蒂的投资消费获得了巨额的财富增值。

利用这种生产消费的力量，保罗·盖蒂的财富一度达到兆亿美元以上。因此，他曾被美国《财富》杂志评为全球首富。多年以来，无数生意人向他看齐，并将他的那句“衡量一个人的成功，并非看他赚多少钱，而是看他如何去消费赚来的钱”视为座右铭。

如何去消费赚来的钱？最好的方法就是做一个生产消费者！保罗·盖蒂是如此，《邻家的百万富翁》里面的主人公们也都是如此。

一个完整的市场经济链条中，有生产商，有经销商，有消费者。一旦消费者转变成生产消费者，他也就加入了投资，这就意味着他从一名消费者转变成了一名商人。因此，生产消费者在中国又有一个新兴的名字：消费商。

3.2

消费商的逻辑

1. 消费者需求的提高优化了消费结构

在 2015 年 11 月 10 日的中央财经领导小组第十一次会议上，习近平总书记强调，在适度扩大总需求的同时，着力加强供给侧结构性改革，着力提高供给体系质量和效率。两个月后，也就是 2016 年 1 月 26 日，习近平总书记在中央财经领导小组的第十二次会议上，再次强调了供给侧改革这个观点的根本目的是："提高社会生产力水平，落实好以人民为中心的发展思想。"

为了达到这个目的，就需要进行结构调

整。其中，优化投资结构和分配结构很关键。而分配结构的优化，则体现在“将消费变成生产力，从而实现公平分配”这一点上。

为了引导我国经济高速而平稳发展，政府部门采取了相应的措施。习近平总书记强调的“供给侧改革” 便是其中的一个方案，这个方案为中国新阶段的经济发展提出了创新的发展方式。

无论是线下的实体店还是线上的电商，普通衣服鞋帽等商品的价格都很低廉，即使是这样，销量依然不尽人意。显然，中低端消费品的供给处于严重过剩状态。那这是不是就意味着消费者的消费能力降低了呢？当然不是。

2015 年到 2016 年间，一则“日本马桶盖”新闻在互联网上闹得

▲购买日本马桶盖

沸沸扬扬。无数中国消费者前往日本，花高价抢购日本马桶盖。中国消费者的疯狂抢购导致日本马桶盖一度脱销，这也让世人看到了中国存在着巨大的消费潜力。

拥有强大消费潜力的中国消费者为什么会对一款马桶盖情有独钟呢？原来，这款马桶盖是一款高科技产品，拥有“便盖加热、温水洗净、清洁身体、预防细菌感染、预防痔疮便秘、自动冲洗”等功能。为了享受到这些高科技带来的便利，消费者愿意花高价，不远万里出国购买。

抢购日本马桶盖事件给我们的启示是：在中国现在的市场经济中，消费者的需求已经升级了。中低端产品已经不能满足消费者的需求了，各类消费潜力和改革红利亟须得到释放。而供给侧改革这个创新制度则是对这种需求的响应。在这个创新制度的指引下，消费商顺理成章地诞生并发展起来了。

2. 消费商带来从创新到共享的发展

消费商的诞生，是供给侧改革中的消费结构得到优化的结果。而消费商的发展，为市场带来的是创新—协调—共享的发展，也是供给侧改革的根本目的之一。

为什么说消费商的发展会带来创新、协调和共享呢？因为消费商的发展，能够促进和带动一场消费革命的发展。

熟悉世界经济和发展的人都知道，第一次工业革命发生在18世纪60年代至19世纪40年代，工业革命的发展使得世界发生翻天覆地的变化；第二次工业革命发生在19世纪60年代后期至20世纪初，它的发展给人类开创了一个新世界；第三次工业革命发生在20世纪的六七十年代，这次革命被称为“信息化革命”，在这次革命中，互联网技术主导时代的发展，每个人都可以共享信息、物品和资源。

美国华盛顿特区经济趋势基金会总裁杰里米·里夫金认为：“每个人既是生产者也是消费者，借助互联网共享信息、物品等各类资源，所有权被使用权代替，‘交换价值’被‘共享价值’代替，人类进入‘共享经济’新纪元。”

杰里米·里夫金曾经担任美国数位总统的顾问，又是美国华盛顿特区经济趋势基金会的总裁，他对全球经济发展趋势有着非常准确的认识。从他的话里，我们可以看出，在第三次工业革命时代里，每个人都是生产消费者，也就是消费商。大家经过对市场发展的创新，进入共享经济时代。

在世界经济论坛2015年新领军者年会上，李克强总理也提到了创新：

就在昨天，我一到大连就去看了一家大连的创客空间。在那里我看到了一个公司，他们有10位员工，用了短短两年时间创业，他们所取得的业绩给我留下了难忘的印象。他们利用互联网这个平台，在中国全国注册登记了28万个工程师，这个公司对在中国东北地区拥有的3万台机床的数据进行了搜集。他们不仅通过让机床生产和需求者更好的对接，来实现机床利用率的提高，更重要的是他们依靠28万个工程师的智慧提供解决方案，对许多机床进行智能改造，他们目前已经有 100 多个产品推出。

李克强说："在中国，像这样的企业已经是千千万万个，他们的创意我们甚至难以想象。无论他们成功与否，可以说他们是在扮演着新领军者的角色。他们向人们展现着未来经济发展的希望，也是在参与描绘中国和世界增长的新蓝图。象征着祖国的希望和未来。"

在会上，李克强还提到一组数据："中国的经济结构在加快优化。服务业已占 GDP 的半壁江山，消费对经济增长的贡献率达到了 60%。"消费拉动了大众创业，也带动了万众创新。而创业和创新，又是发展分享经济的重要推手。

李克强总理说："目前全球分享经济呈快速发展态势，是拉动经济增长的新路子，通过分享、协作方式搞创业创新，门槛更低、成本更小、速度更快，这有利于拓展我国分享经济的新领域，让更多的人参与进来。"

从这一意义上来讲，消费商模式也是一种创业和创新，应当属于分享经济中的一种形式。如果一个消费者愿意花较多的时间，对身边朋友分享自身的消费体验，那么他就能获得回报，而这个消费者就成了依靠消费资本致富的创业者。他付出的时间和劳动越多，得到的回报自然也就越丰厚。可以说，分享消费是一个低门槛的创业活动，也是一种非常适合大众创业的模式，同时，它也能够为社会提供更多的就业机会。

如果我们把共享经济和分享经济放在一起比较一下，可以这样说，分享是分享技术；共享，是共享资源。分享是方向，引导消费；共享是方法，享受消费。二者性质不同，但相辅相成。消费商模式依靠消费者分享自己的消费体验，分享自己认同并喜爱的产品，实现了商品信息的共享。同时，消费者能够从中得到一定的经济收益，在收入分配上实现共享。

这种分享消费显然是一种重大的创新，初步探索了一条众人创富、劳动致富之路，有利于形成新型的分配格局。可见，无论什么人，只要有意愿、有能力，都可以靠创业自立、凭创新出彩，都有平等的发展机会和上升通道，都能在具体的劳动中找到自己的价值。

消费商模式显然是一种能够实现由创新到共享的新致富模式。

3.3

消费商模式下的各种关系

1. 消费商的出现，促使了流通商的产生和发展

消费商的诞生和发展，改变了市场经济中的消费关系。传统的消费关系中，有生产商、经销商和消费者。但无论是生产商还是消费者，都是和经销商对接。

生产商制作出产品后，通过招商的形式，在全国建立有终端销售的经销商，并把产品卖给经销商。而消费者则在经销商的终端上购买产品。也就是说，生产商和消费者不会直接联系。但在消费商时代，经销商消失了。

经销商，指的是从生产者手里进货的商

人。他们具有独立的经营机构，在某一区域或领域拥有且只拥有销售或服务的权限。在传统的市场经济中，经销商是渠道中坚力量。没有他，生产者的产品无法售出，而消费者也无商品可买。甚至可以说，没有经销商，也就没有市场经济。

中国的第一次经济革命时代，又被称为“计划经济时代”。在那时，生产商生产什么，消费者就消费什么，而且不允许经销商出现，生产商的产品由相关部门来对消费者进行分配。所以那个时候，市场看不到消费者的力量，更看不到市场经济的踪影，当然也不会有经销商的存在。

改革开放后，政府允许人们自由买卖，经销商出现了，市场经济才慢慢发展起来。

第三次经济革命使得互联网技术不断发展，互联网技术为生产者和消费者打开了各种对接的新生渠道，消费商产生了，经销商受到扁平化渠道的制约，正在逐渐被市场淘汰出局。击败经销商的新生渠道，由谁来操作呢？当然是流通商。

消费商时代，又被称为“新计划经济时代”。所谓计划，是生产商针对消费者的消费需求来定制生产计划。这和传统的计划经济时代恰好相反，传统的计划经济时代是以生产商为主体，而新计划经济时代，则是以消费商为主体。

在新计划经济时代中，所有的产品在生产前都知道它的消费者是谁。生产商会按照消费者的需求标准对产品进行精准定位和制作，从而满足消费者的需求。这样一来，就不会有供应过剩和库存的情况发生。

生产商和消费者直接对接，意味着新的供应关系已经形成。但产品需要从生产商手里到达消费者手里，供应关系才算真正完成。那么，将产品从生产商那里取出并送到消费者手里的机构，就是流通商。

在互联网经济时代，因为生产商和消费者多在互联网平台上实现对接，所以流通商多为各家快递公司，比如顺丰、韵达、中通、快捷等等。它们属于“互联网 +”模式下的新兴行业。

在消费商时代，流通商不参与产品的利润分配。无论产品的利润是多还是少，抑或是亏本，都与流通商无关，它的每一笔收益都是固定的。虽然流通商不参与市场经济的利润分配，但它却是消费商时代必不可少的。没有它，生产者和消费者的供求关系就无法完成。

2. 消费商中的三方关系

流通商不参与市场经济的利润分配，难道说，利润都被生产商拿走了吗？当然不是！在新的供应关系中，消费者主导市场经济，所以生产者和消费者的关系不再对立，而是共生共荣。

在有经销商参与的传统市场经济中，经销商拿到产品的销售权和服务权后，就开始做营销。他们会通过电视和媒体等各种渠道，把产品信息告诉消费者。

在这种扁平化的信息传播中，消费者了解信息的方式是单一和闭塞的。只要在这个过程中，经销商严格把握信息的好坏，只把有关产品的好的信息告诉消费者，那么，他们就能收获好的销量。

但在互联网时代，消费者了解信息的渠道一下子增多了，经销商完全趋利避害的宣传和营销已经不再起作用了，他们不能控制信息的传播方式和内容了。渐渐地，经销商被淘汰出局了。

对于企业或者生产商来说，如果他们生产的产品是为消费者量身定做的，消费者对该产品满意，那么消费者就会购买这款产品，并把自己的消费体验告诉朋友，或在各大自媒体平台上进行展示。这在无形中就为产品树立了口碑。

也就在这个时候，很多企业或者生产商开始明白，传统的生产销售模式已经不适应时代的发展了，他们清醒地认识到：渠道已死，口碑为王。

口碑营销的主体，是消费者。消费者用到好的产品，会忍不住和他人分享。分享的过程就是传播的过程。因为这些产品是消费者亲身体验过的，所以他们传播的内容可信度很高，这也就会为产品带来新的客流量。

与此同时，生产商很快意识到，是消费者的传播为他们带来新的客流量。但一开始的时候，这种传播是消极的、被动的、无意识的。所以客流量也会变得时高时低。

那么，怎样让客流量一直爆满呢？关键还在于让消费者对产品的传播从被动变为主动。

想要让消费者从无意识传播转换为有意识传播，从而引爆口碑，就需要让消费者享受到实惠。在市场经济中，对于消费者来说，最大的实惠就是参与利润分配。

于是，生产商将本应该经销商获得的那一部分利润在扣除流通商的费用后的剩余部分，用分享奖励的形式回馈给消费者。只要消费者将使用的产品介绍给新的消费者，那么他就能享受到这种回馈。

一旦消费者发现，把自己消费过的产品介绍给朋友使用，还能获

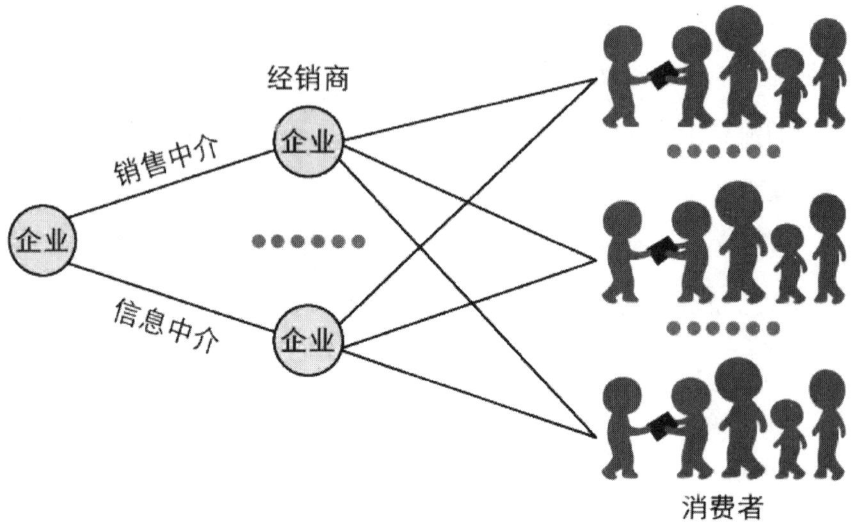

▲有经销商存在的信息传递关系

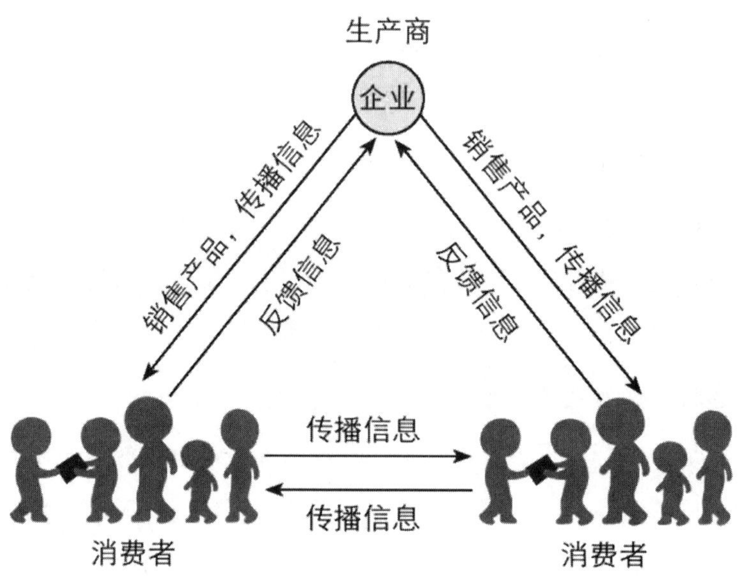

▲无经销商存在的信息传递关系

得利润分红，购物对他们来说不再是资产的净消耗，反而还能增值。他们就会主动地去引导新的消费者来购买，并用心经营自己的朋友圈子，为每一次消费回馈获得更多分享红利做准备。

这时候的消费者已经不是简单的消费者了，他们开始用商业的眼光和头脑去看待每一次消费，因此他们被称为消费商。比如各大自媒体作者、网络红人、平面模特等，都可以称为消费商。

生产商、流通商和消费商，是新计划经济时代消费关系中的三方，这三方的商业运作模式也是消费商经济的核心内容，他们构成了新的商业体系。

3.4

消费商的特点和价值

1. 消费商的七大特点

腾讯公司主要创始人之一的马化腾，曾在一次互联网大会上分享了这样一条经验："当你的用户群足够大的时候，你的业务模式已经不再是问题。"这句话的言下之意就是说，消费者群的大小，决定了是否赚钱。这条言论用在消费商上面也是非常合适的。

虽然，消费商已经成为一种商业主体，但因为消费商推销的产品是生产商的，他自己并没有产品，所以消费商拥有的只有机会，而他分享给用户的也只是一个机会。这样的商业模式称为机会营销主义模式。

机会营销主义和传统的机会主义，是完全不同的两个概念。传统的机会主义，又称为投机主义，是指为了达到自己的目的，不惜采用投机取巧的方法，违背规则地去做事。而消费商的机会营销主义，则是消费商将自己使用的产品推荐和分享给其他人，给他们使用这个产品的机会。二者的含义完全不同。

机会营销主义模式，是消费商作为全新商业主体的一个特点。除此之外，消费商还有其他几个特点：

（1）消费商是一种零风险商业模式

消费商推销的是机会，不是产品。消费商既不需要投资制作产品，也不需要聘用员工来打理产品，所以不承担风险。

（2）消费商是最自由的财富经营者

消费商没有产品，不负责具体的经营，他的任务就是传播机会，这是一种不受任何条件限制的任务。

（3）消费商是一种把轻资产运营做到极致的商业模式

所谓轻资产，就是用有限的资产获取最大的收益。在互联网时代，轻资产运营是所有企业都追求的最高境界，就连中国的首富王健林都在努力将万达企业做轻资产转型，所以才会有几百万亿抛售万达酒店项目的交易。

很多大企业努力做却很难做成的事情，消费商很容易就做到了。为什么说消费商很容易就做到了？这是相对来说的，因为消费商在做引导消费者和凝聚用户群工作的时候，没有烦琐和劳累的日常工作，只需要一台手机或者电脑，就能搞定。

（4）消费商要做的只是分享

消费商只是做分享的工作，没有任何的强迫性，可不占据日常工作的时间。他们既可以把这份工作视为第一职业来全心投入，也可以把它看成第二职业来兼职。

（5）消费商为市场带来的是一种全新的利润分配方式

作为一名消费商，他在消费的同时，也分享了所消费款额中的一部分利润。消费款额是消费商作为一名消费者应该花的钱，但作为一名商人，他却赚到了一名消费者本不可能赚取到的钱。久而久之，社会形成了一种全新的利润分配规则。

（6）消费商为生产商带来难以估算的客流量

消费商成为产品销售的主力军。在消费商的带领下，利润共享的消费商和生产商都获得了更高的利润。而成倍的销售又为流通商带来更多的收入。这是“互联网 +”模式下的三方盈利。

随着消费商商业模式的日趋完善，这些特点将会更加凸显出来。

2. 消费商的分享能够产生巨大的价值

以创立宏观经济学而闻名于世的现代西方经济学家 J. M. 凯恩斯，在他的著作《就业、利息与货币通论》中说道：“我们赖以生存的经济社会的突出问题，是不能提供充分就业和武断而又不公平地分配财富和收入。”

J. M. 凯恩斯早在 1936 年就说了上面这句话，那个时候，他已经明确地指出了经济社会中的突出问题，但是直到进入 21 世纪，这些问题依然没有解决。尽管各国政府都想尽一切办法平衡收入分配问题和尽可能多地提供新的就业岗位，但收效甚微。

然而，就是这样一个让全球政府首脑都急得焦头烂额的问题，却在消费商商业模式出现后迎刃而解了。

作为经济社会的一员，我们每一个人都是消费者。在传统的消费时代，我们只能进行损耗性消费，无法将消费进行增值。一旦收入较低，或没有工作，我们就面临生存艰难的问题。

但在消费商时代，一切都以消费者为中心。由于互联网在传播信息方面的便利，我们每一个消费者都可以利用互联网对我们的每一次消费进行分享。

比如，A 购买了一件时尚且价格实惠的衣服，第二天，A 穿着这件衣服去单位上班，同事们看到 A 穿的这件衣服很好看，纷纷过来围观。于是，A 就让同事给自己拍照，然后将自己穿着新衣服的照片传到了互联网平台上，网友们看到了也很喜欢。于是，他们会顺着 A 给出的购买链接去购买该产品。

A 通过这样的方式把身边的消费者吸引、组织了起来，并形成自己的用户群。这些消费者再去购买 A 分享的产品，A 就转换成了消费商，并获得了生产商的利润分配。这就充分说明了分享能够产生价值的道理。

在这个分享或者说传播的过程中，无论你是在职人员还是失业者，都有一个共同的名字：消费商。消费商的分享，打破了传统经济时代生产者和经营者独占垄断经济利益的局面。

分享产生价值的平台，不是传统的店铺，而是互联网搭建的平台。这些平台依托社会化资源，解决了一直以来生产者和消费者获得信息不对称的问题，将资源聚合并优化，最终达到共享资源、分享利润的目的。

然而，这里还存在着一个问题：怎样才能让分享获得其他消费者的认同，并最终转换为用户群呢？

这就需要做分享的消费商站在消费者的立场上，而不是站在生产商的立场去分享产品。只有让其他消费者感受到消费商和他们的观念是统一的，他们才会在思想上和行动上与消费商保持一致，去购买消费商分享的产品。也只有这样，消费商的分享才能产生价值。

一个消费商想要让自己的分享产生更大的价值，就需要把分享渗透到生活的每一项消费上面。就如香港首富李嘉诚说的那样："精明的商家可以将商业意识渗透到生活中的每一件事，甚至是一举手一投足。充满商业细胞的商人，赚钱可以是无处不在、无时不在。"

当你的分享无处不在时，你的财富也就随时都在增值了。

3.5

消费商具有引导消费的能力

生产者所设计和生产的产品投入市场后，由于品质优良获得了市场中消费者的认可。消费者在购买了一个产品后，如果获得了不错的体验，那他就会继续购买该产品，并期望了解与产品有关的更多信息。当他觉得这个产品物美价廉、值得购买的时候，他就会告诉身边的亲朋好友，让他们购买，同时，他们还会在网上分享心得体会。这样一来，消费者的线上线下的分享行为就会直接地影响到生产者的销售效益。

此时，消费者就可以与生产者或经营商

品的电商平台签订营销合同，加入他们的推广营销活动中。作为该产品的消费者，他们可以在消费的时候享受到优惠。同时，他们还能因为分享消费、推广营销产生的效益享有利润分成。

在消费商模式里，消费者除了自身消费外，还具有引导消费的能力，同时还能将引导消费的能力变现，这是分享经济的一个产物。消费商对从业者条件限制较宽，不分男女老少，也不分先来后到，只要能做到分享消费就可以获得相应的报酬。这在很大程度上满足了大众参与创业的需求。

消费商通过分享消费的方式建立起了大小不等的网络营销系统，而这个系统就是消费商收入的来源。由于分享能够赚钱，很多消费者就会主动去结交更多的朋友，与他们进行沟通和交流，并且，他们也会不断地提高自己的交际能力，期望成为一名营销高手。

消费商系统一旦建成，就可以获得回报。这就是消费商的价值，也是消费商系统的魅力。从目前的经济发展形势中，我们可以看出，消费商将会越来越多地出现在我们生活的各个领域中。

有专家预测：消费商将是继个体户、股票、房地产之后，又一个最热门行业。十年后的中国，每个家庭也许都会用上来自消费商公司的产品，每 3 个人当中就有 1 个人是消费商，未来 80% 的人都将通过消费商模式创业。

案例
斯坦店：从美国中西部小店到全球财富五百强

折扣店铺下的败兵

斯坦先生是一位居住在美国中西部地区的男子，他的名字中国人或许并不熟悉，但在全球财富五百强的名单上，却有他开办的“你的店国际有限公司”的名字。斯坦先生能把公司的财富积累到几十亿美元的资产，主要是因为他改变思维、巧妙利用生产消费的力量的结果。

你的店国际有限公司最早的名字可不叫这个，在斯坦先生的思维还未转换之前，他经营的只是一个很小的综合商店。与很多小商店一样，斯坦先生把自己的商店取名为“斯坦店”。

斯坦店开始的时候坐落于一个繁华的小镇的主要街道的中心位置上，顾客非常多。每天大量的交易给斯坦店带来了相当丰厚的利润，斯坦先生和太太以及四个子女过着富裕的生活。

斯坦先生并没有想过要把店铺扩大。他相信，只要自己兢兢业业、勤勤恳恳地劳作，就凭这个店铺，就能让自己和子孙后代衣食无忧。

然而，不久，斯坦店的左侧，一家和斯坦店经营同样商品的综合型商店开张了。斯坦先生发现，这家店的招牌上，写着“大型折扣连锁店”几个大字，下面还有三个字：最低价。

这三个字让斯坦先生皱紧了眉头，他忧心忡忡地回到店里，眼睛却一眨不眨地望着外面的街道。很快，他的担忧变成了现实：很多顾客走到斯坦店门口时，都会被“最低价”三个字吸引，并最终转身向大型折扣连锁店走去。斯坦店的生意被左侧的折扣店抢去了不少。

有了危机意识之后，斯坦先生下决心要好好经营自己的店铺，但他的努力无法抵抗价格折扣的魅力。斯坦先生也曾想过打折扣。但是，他明白那样做无疑是自杀。恶性竞争的恶果，比斯坦店倒闭还要可怕。

其实，斯坦先生当时的压力是很大的，因为就在第一家大型折扣连锁店开张的第二天，斯坦店的右侧又开了一家超级折扣连锁店。两家商店开张后，每天都以全城最低价的优惠来拉拢顾客，斯坦店的生意从此一落千丈，甚至一度无法生存下去了。两者的夹击，使得斯坦先生当时几欲崩溃。

思维转变，斯坦店冲进全球财富五百强

有一天，一位老顾客走进斯坦店。但很快他就退了出去，嘴里还嘟囔：“这是斯坦店，不是我要找的店。”这句话触动了斯坦先生。他想：原来，在顾客心里，这只是我斯坦的店，和他们无关。所以他们一旦有了新的选择，就会拒绝斯坦店。

斯坦先生思维开始进行转换，他假设：这个店和顾客有关系，那么他们进到店里来，就会有一种回到自己店铺的感觉。这样就能吸引顾客并留住他们了。可是要怎样才能让斯坦店和顾客产生联系，让顾客有一种回到自己店铺的感觉呢？当然是生意合伙人！只有生意合伙人才会关心店铺的收益。

斯坦先生想：最好的办法莫过于将顾客拉拢过来，与自己一起经营这个店。那么，顾客的身份就转换成为顾客兼生意合伙人了。这可是一个大胆的想法！斯坦先生兴奋起来了。

于是，斯坦先生把家人和员工都召集起来，研讨这个想法的可行性和实施性。过了几天，斯坦先生把写着“斯坦店”三个字的招牌取下来，取而代之的是一个全新的招牌——你的店。在店铺的下方，斯坦先生还做了备注：向你自己购买并能赚到钱的地方。

你的店招牌一挂出来，就引起了顾客们的注意。大家纷纷涌过来，打听店铺的经营理念。

斯坦先生告诉大家：从今天起，你们只要在店里购买产品，就能成为店里的合伙人，会获得一部分收入。而且你们要是介绍别人来店里购买产品，也能在这些购买中获得一部分佣金。

斯坦先生这个新颖的想法让整个小镇都沸腾了。大家一想到自己可以成为斯坦先生的合伙人，与他一起经营店铺，并分享商店的利润，就兴奋不已。

接下来的日子里，小镇上的顾客们都来到斯坦先生的店铺里消费。店铺的生意异常火爆，斯坦先生的“你的店”活过来了。

斯坦先生的成功，得益于他思维的转变——将消费者转换为消费商，从而激发出生产消费者的力量。

The Revolution Of Consumption

第四章 传统商业模式 VS 消费商模式

在消费商出现之前，我们都认为生产者赚钱，消费者花钱，这是天经地义的事情。但在消费商时代，我们应该看到生产和消费都是赚钱的过程，在这个过程中，生产是制作方，消费是投资方，生产和消费是辩证统一地结合在一起的。

4.1

消费商给传统商业模式带来巨大冲击

对传统商业模式来说，现在是一个最坏的时代；对新兴的消费商模式来说，当下却是一个最好的时代。

在这个急剧变化的时代里，经商的人都深深体会到生意越来越难做。销售产品成为一件让生产商极为头疼的事情。因为产品从生产商那里到达消费者手上的这个过程中，每一个经营环节都非常难做。

产能过剩导致产品过剩，甚至达到了泛滥的地步。同行之间的竞争已超出了人们的想象。为了将产品销售出去，生产者可谓是挖空心思，无所不用其极。而如今，市场经济活动已进入终端，谁能拥有并锁定消费者，谁就能赚钱！每一个做生意的人都在想着一件事，那就是如何拥有并锁定消费者。

互联网经济时代到来了，消费者在以往的时候所扮演的消费角色将发生重大的转变。消费者成了经济竞争的核心，经济竞争也主要是围绕着消费者来展开的。无论是生产商，还是流通商或者说经销商，都必须为消费者服务。

经济利益的竞争也变成了对消费者的竞争，竞争消费者的过程，就是拥有和锁定消费者的过程，确切来说，这个过程也是一个使消费者从分散走向联盟的过程。

作为一个有眼光和有能力的消费者，他们有必要把自己身边的消费者组织起来，带领大家一起与生产商共享财富。消费者因为组织和管理了其他消费者，付出了劳动，就会有收益，而组织消费者进行消费的行为可以称为商业营销行为，而他们自己又被称为消费商。

可以说，消费商是互联网新经济下产生的一种新的商业主体。消费商的出现意味着，传统的仅靠品牌商、省代理、广告商、店铺经营者进行赚钱的时代已经过去了，消费者要改变传统的消费思维，合理消费，做好产品的资源整合，找到更多优惠的消费渠道，找到更多有相同志趣的消费者，将自己使用的好的产品分享给别人，间接地参与到商品的利润分配中去。

消费商是全新的机会营销主义者，他给别人的不仅有产品还有机会。他主导的是“花本来就该花的钱，赚本来赚不到的钱”，重构了一种全新的利润分配规则。

消费商带来的是一场消费革命，让消费者也参与了利润分配，让更多人成为消费商，分配更加合理。消费商将成为未来市场销售的关键主体，与原来的店铺营销形成互补。

消费商群体的不断成长壮大，必然会对传统商业模式带来冲击，对厂家、渠道商甚至淘宝等电商带来巨大影响。消费商间接变成了经营者，传统的市场经营格局也因此受到了重创。

产品流通环节的中间渠道——分销商，是首先受到冲击的群体。传统时代的渠道分销商主要是帮助生产厂家分担压力，到各省、市、地方开拓市场，进行营销。与此同时，分销商通过产销信息不对称而赚取中间差价。

如今消费商时代到来，消费者变成了经营者，厂家生产的产品绕过了分销商直达消费者手中，从而导致销售产品和业绩利润的分流。这正是很多代理商或者说分销商不愿意看到的。

传统的生产者总是觉得“好酒不怕巷子深”，只要有好产品就行。其实这在现实商业竞争中是一个不好的想法。

我们都知道，有的新款电子产品只需三天时间就能在大街上看到同类型仿造产品，比如 VR 眼镜，市场上从几千元到几十元价格不等。生产者除非有真正的技术壁垒和超级品牌 IP，比如苹果、迪士尼，否则很难在市场中生存下来。

在消费商没有出现之前，一些生产者总是认为，产品销售只要有渠道就行。可是当消费商时代真的到来的时候，渠道也不能起到好的作用了。所以，有人又说：“得消费商者得天下。”

商业模式的变革，将颠覆原来的平台架构，使得客户体验发生变化。时尚社交媒体成了绝佳的分享消费工具，足以成为消费商的营销生态圈。而电商平台则成为承接消费商进行分享消费的大本营。

这样的消费模式使得消费商与传统商之间呈现出一条巨大的分水岭。一切与过往不再相同。

4.2

移动互联网时代，共赢才是王道

1. 消费商的思维就是经营者的思维

马克思曾指出："没有需要，就没有生产。而消费则是把需求再生产出来。因此，消费的需求决定着生产。"英国著名经济学家马歇尔也说过："一切需要的最终调节者是消费者的需求。"他们所表达的共同意思就是：市场需求首先是消费需求。

无论消费需求在市场经济中占有多么大的比重，在传统的商业模式中，商品流通的结果，最终都是让生产者获得源源不断的财富，而消费者的财富却在日益减少。

那么，怎样才能改变这种局面，让消费者也在日常消费中获得财富呢？消费商诞生之后，这个问题就轻而易举地解决了。

世界级生意建造者导师比尔·奎恩博士，是营销和管理领域的权威。现在，他已经通过生产消费获得了财富，成为一名富人，实现了财务自由。但在发现消费者的力量之前，他还只是一名把全部的注意力都用在如何更好地工作上的营销学教授。

有一年，比尔·奎恩博士带着妻子和女儿到一家海边饭店用餐。富人们的豪华私人游艇一艘接着一艘地从他们眼前划过，比尔·奎恩博士的女儿异常兴奋，她发出了惊叹声。女儿问母亲："我们什么时候能拥有一艘属于自己的游艇呢？"

奎恩的妻子回答："我们暂时还不能拥有它。而且即使拥有，我们也不能经常去玩，因为你爸爸要工作。"

妻子和女儿的对话让奎恩猛然惊醒，他问自己："为什么我不能像他们那样过上既有钱又有时间的自由生活呢？"

要如何才能实现财务自由呢？奎恩一直在思考这个问题。很快，他就得出了理论："很简单，要像富人一样思考。"

在普通人看来，最好的人生，无非就是努力学习，然后找一份好的工作。接下来，拼命工作求得升迁，这样一直工作到六十岁退休为止。可是，难道这样就算是拥有了一个圆满的人生吗？有时候，我们不得不说这是穷人的思维。那么，富人到底是怎样思考的呢？

富人们从不允许工作来控制自己，而是从当下开始掌控工作。

奎恩发现，日常生活中的消费是让经济流失的主要原因之一，倘若在消费的同时，遏制住经济流失，那么，人们就能慢慢走上财富的康庄大道。可是，我们怎么才能一边消费，一边不让经济流失呢？

奎恩告诉我们："要以经营者的方式思考购物。"而经营者的方式也就是消费商模式。可以说，消费商模式下的消费商的思维应该是经营者的思维。

2. 生产商和消费商紧密相连，才能实现财富共赢

在这个口碑为王的时代，做广告已经不再是最佳的营销方式了。大众消费者更青睐于身边的亲朋好友或偶像的口碑传颂，Angelababy 直播卖口红事件，深刻地诠释了这一点。

2016 年 6 月，美宝莲纽约邀请 Angelababy 参加其发布会，而 Angelababy 在直播过程中使用美宝莲的口红。这个直播吸引了无数网民的观看，之后，很多粉丝纷纷下单抢购 Angelababy 使用的那款口红。

在短短的两个小时内，美宝莲口红就卖出了 10000 支，美宝莲纽约也因此获得了 140 多万元的销售额。美宝莲是一个有着百年历史的彩妆品牌，在传统的商业模式中，也曾花过高昂的广告费去做广告，但从未有过如这次一样快捷销售的经历。

消费商的力量不容小觑。在互联网时代，百年品牌尚且如此，普通产品更不能离开消费商的支持了。生产商只有与消费商紧密联系起来，才能获得财富的共赢，并将其利润最大化。

经济学家们一致认为：在一个国家的市场经济中，拉动财富增长的三大要素分别是消费需求、投资需求和净出口需求。

事实上，净出口需求也属于消费需求，因此可以概括地说，市场经济中影响财富增长的两大因素是消费需求和投资需求。而市场经济又是由生产者和消费者组成，因此，对于生产者来说，促使其财富增长的因素就包括消费和投资。

但对于完成消费需求的消费者来说，想要在市场经济中拉动财富增长，就需要在投资需求上下功夫。投资也是生产的一部分，也就是说，消费者如果能让自己从一名普通消费者变成一名与生产相关的消费者，那么，自身的财富就会获得增长。

恰如奎恩说："你不仅仅是花钱的消费者，你也可以成为生产消费者，在花钱的同时还可以赚钱。"

在消费商出现之前，我们都认为生产者赚钱，消费者花钱，这是天经地义的事情。但在消费商时代，我们应该看到生产和消费都是赚钱的过程，在这个过程中，生产是制作方，消费是投资方，生产和消费是辩证统一地结合在一起的。

那么，消费商是怎样进行投资的呢？消费商在花钱消费的过程中，会花时间向其他的人群分享这款产品，并输出"花钱的同时还能赚钱"的概念。在分享的过程中，人们的购物观念得到改变，人们也会加入到消费这款产品的行列中去。这就是消费商投资时间去销售产品的原理。而且，当新的商业模式展开的时候，你将发现，人们很乐意接受消费商的引导。

我们每一个人都是消费者，假设 A 消费者现在 36 岁，按照人口平均寿命 76 岁来说，他至少还可以活 40 年，如果每一年消费一万元，那么在这 40 年中，A 消费者就会把自己挣来的财富耗损 40 万元，他将不会得到一分钱的回报。

但如果 A 消费者能够成为消费商，那么就算他一生能影响 100 个与他有同等消费能力的人，那就意味着他一生能促成了 4000 万元的生意。而如果按照 5% 的最低回报率来计算的话，A 消费者也会获得 200 万的收益。

但我们要知道，A 消费者的这个消费商链接有可能还在不停地延伸扩大，并且消费不止，收益不止。这就意味着，A 消费者消费了 40 万，却创造了超过 200 万的效益。有如此高的经济效益，谁会不愿意接受引导并成为消费商呢?

4.3

以消费者为中心，生产好产品

1. 拒绝一锤子买卖

生产商和消费商想要共赢，关键的是相互协作、产销合一。但这一切都必须建立在产品的品质上。产品的品质如果不好，消费商的粉丝即使有成千上万，那也只能是一锤子买卖，毕竟谁也不会上第二次当。作为某件商品的粉丝，他也肯定不会成为这件商品的消费商。

消费者是否能转化为消费商，取决于产品品质的好坏；而产品的品质，则取决于生产商的生产和制作。生产商如果想要让消费者心甘情愿地成为消费商，并积极主动地去分享和引导新的消费人群，就要制造优质的产品。

传统经济时代的那句“以质量求生存，以品质求发展”的话放在消费商时代同样适用，因为这是一个品质消费的时代。在以亲朋好友的信任度为链条的社交关系链上，只有好的产品才能持续地生存下去。

生产商在把产品品质做好的同时，还需要为消费者投资搭建一个高品质的平台。生产商如果想让消费者更加积极主动地消费，并参与到商品的销售中来，成为产品的消费商，就必须做好以下几点基础工作：

（1）生产商需要根据消费商的账户资料、个人消费投资记录、反馈信息等建立一个信息平台，以支撑信息交换。

（2）生产商自身需要具备一种互动式网络。这种网络集企业管理、市场营销、金融服务等于一体，以帮助生产商完成广泛的信息交流。

（3）生产商要有针对消费者的完善的制度和标准。这些制度和标准要以消费者为中心，各项服务要以满足消费者的需求为目的。

（4）生产商要提供周到的服务。让消费者感受到你是真的想要和他一起携手打造新的商业模式，寻求财富共赢。

（5）做好售后服务。一旦发现产品出现问题，生产商就要及时收回，并给消费者提供合理的解释或赔偿。

2. 互联网时代的“好品质”让信任度 N 倍增长

信任度的高低决定着企业的兴衰。在中国几千年的商业运作中，诚信始终摆在首位。做人要讲诚信，做企业更应该讲诚信。

即使是在传统的商业运作中，市场经济对诚信的要求也是非常高的。最著名的案例便是曾经轰动全国的三鹿奶粉案。十年前，三鹿奶粉被曝出质量问题，这些报道将消费者对中国奶粉的信任度直接拉低到零。

很多有孩子的家庭纷纷去国外购买奶粉，尽管国外奶粉的价格是“天价”，海购等渠道困难重重，但中国的父母也绝不购买国内奶粉。中国奶粉市场因此陷入低谷，许多奶粉制造企业因此纷纷倒闭。这就是失去消费者的信任最惨痛的案例。

互联网时代，信息传播异常迅速，信任度的失去也非常之快。即使你是一个拥有百年品牌的老字号产品，只要有一次质量问题，就有

▲三鹿奶粉事件

可能在很短的时间内失去所有的消费者。倘若产品的质量好，那么消费者的信任度就能成 N 倍增长。之所以这样说，是因为互联网时代的消费商模式是一个社交关系链模式。

消费商会在各大社交平台上分享产品，比如微信、微博、QQ 空间、各大自媒体平台等等。他们的分享对象除了粉丝，便是亲朋好友和同事，这是一条以信任度打造而成的社交关系链。

消费商深谙信任的重要性，因此要想引导消费者，首先他们自己就会确保产品的质量是上乘的。消费商绝不愿意冒着失去信任的风险去做任何事情。因此，无论是消费商还是生产商都必须十分重视信任度的提升和优化，毕竟，较高的信任度有利于一切工作的开展。

对于消费商来说，其信任度的提升，会为自己吸引到更多的消费者，并将这些消费者最终转化为消费商。对于生产商来说，其信任度的提升，会增加自己产品的销量，从而获得更大经济利润。

那么，怎样提升信任度呢？最关键的一点就是以消费者为中心。这就要求生产商除了要保证产品的质量，把产品做到精益求精，让消费者得到高品质的产品外，还要提高消费者在消费过程中所获得的效益。在提高消费者在消费过程中所获效益这一点上，奢瑞小黑裙品牌做得非常好。

2015 年 8 月，奢瑞小黑裙上线。这款产品在上线之前，因产品太单一而不被看好。产品生产出来后，尽管裙子的质量和款式都做得非常好，但是仍没有吸纳太多的消费者。

但创始人王思明却没有因为产品单一而放弃对小黑裙的推广，她有自己的想法：在消费者的效益上下功夫。

奢瑞小黑裙 App 在线客服称："当您购买一条小黑裙时，您就会成为奢瑞的代言人，拥有专属二维码，通过扫您的二维码或者关注您的店铺链接购买的是您的一级代言人，您将得到 10% 的奖励；通过您一级代言人购买的是您的二级代言人，您会有 10% 的奖励。"

消费者在尝到消费增创的甜头后，就会积极地投入到消费中，成为小黑裙的代言人，并把这款产品推销给他的社交关系链上的每一个人。利用这种模式，奢瑞小黑裙创造了 20 天销售 23000 条裙子的历史纪录，公众号粉丝量一度达到 700 万之多。

生产商和消费商，是相辅相成的一种关系，他们共同的用户是消费者。想把消费者转化为消费商，就要生产商和消费商一起打造信任度，信任度黏性越强，吸纳的消费者越多，消费商创造的收益就越大。

4.4

消费的力量，颠覆商业

1. 商业模式的颠覆

关于消费商这个概念，有人曾提出疑问：在未来的某一天，所有人都转化成消费商了，那谁又来充当消费者呢？

我们每一个人，终身都处于消费的状态中，无论我们是消费者还是消费商，我们都需要消费，当我们消费的时候，我们就是消费者了。所以，只要有人类存在，就有消费者存在。

消费商时代，就是让消费者来主动地销售产品，这种商业模式显然已经颠覆了传统的经济学说。然而，在消费商出现之前，传统的经济学说也经历过几次颠覆。

19世纪末，英国著名的经济学家阿尔弗雷德·马歇尔提出了“自由放任经济学说”。“自由放任经济学说”是一种以消费者为中心的模式，一切以消费者的需求为基础。在这个理论中，马歇尔明确表示：“自由市场、自由经营、自由竞争、自动调节和自动平衡。”这个理论表明社会的经济发展，应该由生产者和消费者说了算，政府不要进行干预，否则会引起动荡，从而导致经济失衡。

如果世界的经济发展能够按照马歇尔的“自由放任经济学说”一直发展下去，那么，消费资本论应该会被发现得更早一些，而消费商模式也会来得更早一些。但是很快，马歇尔的“自由放任经济学说”就受到了他的学生凯恩斯的颠覆。

凯恩斯是马歇尔的学生，他听过马歇尔的课，但他没有继承和发扬马歇尔的理论学说，而是另起炉灶，开创了新的经济学说。凯恩斯摒弃了消费者为中心的理论，从就业者的角度出发，提出了有效需求原理。

在凯恩斯看来，社会就业量的多少，取决于有效需求的大小。何为有效需求？凯恩斯说：“产品的总供给价格和总需求价格达到均衡时的总需求，即为有效需求。”

当总需求价格大于总供给价格时，消费者对产品的需求超过生产者对产品的供给，生产者就会扩大生产，扩大生产就会增加就业率。一旦消费者对产品的需求小于生产者对产品的供给，生产者就会减少生产，减少生产就会降低就业率。

而有效需求的大小取决于资本的边际效率和消费者的消费倾向。

因此，凯恩斯又提出了边际消费倾向递减规律。边际消费倾向递减规律是指，人们的消费虽然随收入的增加而增加，但在所增加的收入中用于增加消费的部分越来越少。凯恩斯认为边际消费倾向递减规律是由人类的天性所决定的。

显然，这个经济学说证明了那个时代的人们更侧重于储蓄而不是消费。随着收入的增加，消费并不按相同的比例增加，其差额就是储蓄。收入愈增加，消费在收入中的比重就愈小，储蓄越大。

边际消费倾向递减规律理论和几千年前孔子提出的理性消费有异曲同工之处。只不过，孔子的理性消费是在生产力水平比较低下、合理节用的情况下提出来的。而凯恩斯所讲的边际消费倾向递减规律则是基于收入的性质。消费者很大程度上都着眼于长期收入前景来选择他们的消费水平。收入不稳定的个人通常具有较低的边际消费倾向。

进入消费商时代，消费资本论学说的提出，将消费者再次拉到市场经济的中心位置上。这一新消费理论使得人们对于消费资本有了全新认识，也使凯恩斯的经济学说受到了挑战。特别是消费商能够进行生产消费的新模式完全颠覆了凯恩斯以就业者为出发点的理论观点。消费商模式对于消费和生产的拉动作用，显然是凯恩斯边际消费倾向递减规律所无法解释的。

更重要的是，消费商模式是在互联网、大数据、云计算、人工智能等这一信息时代背景下产生的，它在实践层面对以往的经济理论和商业模式形成了颠覆性的挑战。

2. 生产消费可缩小穷富差距

消费商模式不仅颠覆了传统的经济学说，还缩小了穷富差距。

2011 年 12 月 5 日，经济合作和发展组织（OECD）发布报告称，发达国家贫富差距创下了 30 多年来最高纪录。经济合作和发展组织中的 22 个成员国中，有 17 个国家的基尼系数在上升。

基尼系数越小，表示这个国家的收入分配越接近平均；基尼系数越大，表示这个国家的收入分配越不平均。基尼系数的上升对于这 17 个国家来说，可不是一个乐观的事情。因为它预示着国民的穷富差距在拉大。

以墨西哥为例，报告中显示，该国有 10% 的民众仅有每年 8000 多比索的收入，但也有 10% 的富人有年平均高达 22 万多比索的收入。穷富差距高达 26 倍之多，这个数字可谓触目惊心。

众所周知，穷富差距越大，富人和穷人之间的矛盾就会越大，社会的不安定因素就会越多。因此，一直以来，各个国家的政府都在为缩小穷富差距而努力。然而，随着经济突飞猛进的发展，穷人更加贫穷了，富人更加富裕了，贫富差距不但没有变小，反而增大了。

随着新的消费商模式的出现，生产消费的力量将使穷富差距这个问题得到有效的解决。那么，生产消费为什么具有如此大的力量，具体体现在哪里呢？买房的消费最能说明这个问题。

比如，A 和 B 都拥有 100 万的存款，A 决定用这笔钱买一栋房子，而 B 则打算用这笔钱买一辆汽车。他们都是随心而为的人，很快，A 就拥有了一套房子，而 B 则开上了豪车。同样是在消费，A 的消费就属于生产消费，而 B 的消费，则属于耗损性消费。

之所以这样说，是因为房子会随着地理位置、市场行情的变动而增值或者贬值，虽然这里也说到了房子有可能会贬值，但是我们应该知道，这其中也说到了增值，也就是说，房子有可能增值，也有可能贬值，A 有可能赚钱，也有可能赔钱。但是，B 呢？由于 B 买的是豪车，豪车无论怎样保养，都无法阻止零件的老化，豪车在使用的过程中每时每刻都在折价中，直至最后报废扔掉。

正因为如此，美国经济学家比尔·奎恩说：拥有房子是生产消费力量的经典范例。

当每个人都成为生产消费者，就好比每个人都拥有了一套房子，这套房子不会随着时间的流逝贬值，相反，能够增创效益，收获财富。当每个人都在增加财富而不是消耗财富时，穷富差距自然也就缩小了。

4.5

消费者是最好的代言人

1. “示范效应”创造口碑奇迹

在经济学中，对消费函数的研究分为四个阶段，这四个阶段又分别产生了四个不同的假说：

第一个阶段，英国著名经济学家凯恩斯提出了“绝对收入假说”。收入多，消费就多，收入少，消费就少。但当消费的增长低于收入的增长，消费增量在收入增量中所占的比重是递减的。消费者的消费主要取决于其收入的多少。而这也就是前文提到的边际消费倾向递减规律。

第二个阶段，美国著名经济学家杜森贝利提出的“相对收入消费假说”。在这一假说中，杜森贝利将消费分为两部分：一部分是消费具有“示范效应”，消费者的支出既会受到自身收入的影响，也受到周围人的消费行为的影响；另一部分是消费者不但会受到目前收入的影响，也会受到过去收入和消费水平的影响。

第三个阶段，美国著名经济学家罗伯特·霍尔提出了“随机游走消费假说”。在这一假说中，霍尔提到了收入风险和消费的理性预期概念。

第四个阶段，弗莱文、坎贝尔和迪顿等一系列经济学家针对霍尔的假说提出一系列反对假说，包括预防性储蓄假说、流动性约束假说，等等。

事实上，消费商模式非常符合杜森贝利提出的“相对收入消费假说”。在消费商业模式中，消费具有“示范效应”，而这种示范效应会产生一系列连锁反应，其中最神奇的就是“口口相传”的口碑效应。

在每年发布最新高端旗舰华为 Mate 系列时，华为都会在微博开设一个“华为证言人”的话题，以供消费者发表自己的使用感想。在这些感想中，消费者会分享自己对这款产品的体验，并对它进行评价。

网友“幸福太平洋的鱼”在“华为 Mate9 证言人”的话题中说：“我上一部手机是华为 P8，现入手 Mate9 也有将近一个月了，让我感触较深的有几点：一是待机时间长，充电速度快；二是拍照效果好，特别是慢动作特效拍摄很有意思，但后期编辑的滤镜效果不够丰富；三是增加了护眼模式，这个设计很贴心。如今大家玩手机的时间都很长，对眼睛需要好好保护。”

▲华为证言人

网友“幸福太平洋的鱼”发布微博后，对这款产品感兴趣的人马上就在他的微博下留言：觉得护眼模式有效果吗？很快，使用者“幸福太平洋的鱼”就给出了肯定回答。

毋庸置疑，这种口口相传的宣传模式的效果是非常显著的。还拿上面我们说的“护眼模式”这个话题来说，如果有人对护眼模式这个功能感兴趣，那么，他就会因为这个肯定的答复，去购买新款Mate9，从而成为一名新的华为用户。

而新的华为用户在使用该手机的过程中，渐渐发现，这个护眼模式真的很好用，他对这个功能很满意，再加上这款手机的待机时间长、拍照效果也很好，他真真切切地感受到了该产品的好处，于是，他也会在他的社交关系链上发表自己的使用心得，他也为华为做了新的营销和宣传。

口口相传的优点，就在于“示范效应”。消费者能够通过自己的消费和使用，给他人起到一个示范作用，让他人真正地信服并产生消费。

2. 消费者转化为消费商的方法

消费者在转化为消费商之前，需要进行传播。口碑传播是一种办法，而且这也是将潜在消费者转化为真正消费者的极佳工具之一。具体来说，口碑传播又分为线上体验心得、线下口碑宣传两种。

（1）线上体验心得

华为开设的“华为证言人”是一种线上体验心得，很显然，它获得了成功，但它是作为生产商的身份取得的成功。作为消费商，他们又是如何做线上体验心得呢？

作为消费商，他们可以在博客、微博、微信、公众号以及各大自媒体平台发布有关产品介绍的文章。这类文章的内容切忌空洞无聊，要有实实在在的内容，条理分明地写出产品的优势，解决消费者在购物时的顾虑。

消费商，也就是产品的使用者，应该用简洁明了的文字来展示你所使用产品，让读者知道你使用这款产品获得了怎样的快乐。文字要深入人心，引起读者的购买欲望。

同时，消费商在线上传播还要注意针对粉丝群，进行垂直分类推荐。如果说，粉丝群是年轻的女性一族，那么，消费商就应该向她们推荐美妆和时尚产品；如果说粉丝群是中老年人一族，那么，消费商就应该向他们推荐养生产品；如果说是家庭主妇一族，那就要推荐居家产品。

垂直分类越精准，用户的消费热情越容易被勾起，消费者黏性就越强。

（2）线下口碑宣传

线下口碑，是针对身边的亲人朋友和同事做的一种传播。在线下传播中，消费商和消费者是面对面的交流。在这个交流过程中，消费商尤其要注意情绪的管理。因为消费行为本身就是一种有情绪的选择。消费商要做的就是拿出自己的真诚和热情，让消费者感受到你在使用这款产品时，获得了怎样的体验。

当消费商向消费者传达出“我使用的这款产品解决了我一直想要解决的问题”这个理念时，与消费商有着同样问题困扰的消费者自然而然就会选择购买。因为，每个人都更容易相信身边人的使用体验。

无论是线上口碑传播还是线下口头传播，消费商想要组建一个属于自己的消费者群、打造一个属于自己的商品流通渠道，最核心的做法就是积累粉丝，打造粉丝群。

在移动互联网时代，社交媒体是与潜在的消费者群沟通的最佳平台。消费商可利用这些平台接触到消费者，并在接触过程中解决他们的困惑，消除他们的不满，这样就能获得他们的关注，从而将他们从粉丝转化成消费者群。

案例
小米、OPPO、vivo 的成功营销模式

小米，开创手机市场的“红海”

说起中国的手机市场，人们便会想到华为和小米。

华为依靠的是传统战略打法：打造旗舰品牌，走高端路线，即使没有营销，也能用品质把消费者征服。相比起来，小米的营销战略就有所不同，但小米也取得了相应的成功。小米的成功之处在于，它完美地吸纳了粉丝，并将他们转化为自己的忠实消费者。

“小米是一个浩瀚的工程。”小米的创始人雷军说，“但我从来没有担心过，因为我不是一个人在战斗，我的身后有百万米粉。”

雷军嘴里的“米粉”，指的就是小米的众多粉丝。在中国，粉丝的力量是十分强大的，而小米又恰好拥有一大批粉丝，正是因为有了这些粉丝，小米才能在不算景气的手机市场中开创出一片“红海”。

如果与苹果、三星等老品牌手机相比，小米只算得上是一个“小辈”。不过，早在小米问世之前，雷军和他的团队就已经想好了生产和营销战略。雷军和他的团队没有依循传统的生产和营销方式来生产、销售手机，他们决定先生产出一小批手机，投入市场后，跟踪用户体验，然后根据用户的体验和需求来调整生产方案。

2010 年 8 月 16 日，小米公司找到 100 个手机“发烧友”，请他们作为小米的内测用户。这些“发烧友”的工作就是对手机进行深度使用和全方位“吐槽”。然后，小米的科研人员再根据“吐槽”的内容（也就是用户的反馈）对手机进行方案调整和修改，直到小米手机获得大家的一致认可，团队才开始进行批量生产，投入上市。

通过运用这种“与用户做朋友”的研发生产理念，小米手机无论是在性能方面还是在外观方面，都非常符合用户需求，再加上它亲民的价格，普通用户也能使用得起，因此，小米手机一上市就受到了消费者的青睐，无数的消费者成为它的粉丝。

2012 年，小米手机销售量达到 719 万台。小米的成功，就在于它紧紧抓住了消费者，做到了真正以消费者为核心。

为了做出符合消费者要求的手机，小米又搭建了 MIUI 论坛。这个论坛汇集了无数的手机“发烧友”，他们交流手机使用经验，并提出许多新的设想。小米团队根据这些设想做出改进，增加功能。然后将新增功能放在手机里供大家体验。在体验的过程中，小米团队继续搜集“吐槽”，继续修改，如此往复。

凭着对消费者体验的重视，小米俘获了无数手机用户的心。

OPPO和vivo，在“红海”中开拓出一片“蓝海”

小米凭借着独特的生产和营销理念已在中国手机市场里开创了一片“红海”。其他手机想要在这片“红海”中占据一席之地，是非常艰难的。

在如今移动互联网高速发展的时代，任何一个产品如果想赢得市场，就必须做好线上口碑传播和线下营销宣传两方面的工作，小米的成功当然也离不开这两个宣传手段。

虽然小米在线下也有一定数量的粉丝，但让小米真正取得成功的关键点还是在线上。由于小米手机推广营销的方向主要放在了线上口碑的打造上，它在线下的手机市场上的关注度就比较低，一些手机公司看到了线下市场的巨大的空白，开始在这里大展拳脚。

在小米占领了线上渠道、华为占领了高端市场的时候，OPPO和vivo决定向线下渠道发起进攻。不管在中国的哪座城市，只要有手机店，十有八九就有这两款手机的连锁店。甚至在乡镇上，也随处都能见到这两款手机的门面店。

为了打响品牌，OPPO和vivo争相请来当红明星做品牌代言。在线上，请当红明星代言的方法已经不怎么管用了，消费者更愿意相信身边亲人和朋友的推荐。但在线下宣传或者说在乡镇上进行手机宣传的时候，请明星代言的宣传攻势仍然非常受欢迎。

除了做好线下市场的宣传，OPPO和vivo这两款手机的开发商还在手机本身的品质上下足了功夫。这两款手机面对的消费者群体是基层消费者，虽然基层消费者并不懂互联网上的一些新名词，甚至他们根本就搞不懂那些高深的互联网知识，但他们也需要上网，需要拍照，需要听音乐，需要玩游戏。

于是，OPPO 和 vivo 在手机的功能和性能这些方面非常投入。OPPO 一直专注于手机拍照的技术创新，开创了“手机自拍美颜时代”；而 vivo 则主打音乐手机，它们分别在自己的主打领域满足着消费者的不同需求。

除了让手机的功能和性能满足基层消费者的使用之外，OPPO 和 vivo 还推出了各种促销活动，这让消费者感觉到自己真正享受到了消费的红利。于是他们在消费之后，还会主动将手机介绍给身边的亲朋好友，让他们也去购买。

消费商线下的传播方式，就是口口相传的传播方法。OPPO 和 vivo 便利用这种口口相传的方法，获得了无数线下消费者的青睐。

根据 2016 年中国手机第二季度销售额显示，2015 年到 2016 年，华为的手机出货量从 166 万部上升到 191 万部，一年时间上升了 25 万部，市场占有率从 15.6% 上升至 17.2%，一年时间，市场占有率上升了 1.6%。

2015 年到 2016 年，OPPO 的手机出货量从 80 万部上升到 180 万部，一年时间上升了 100 万部，市场占有率从 7.6% 上升至 16.2%，一年时间，市场占有率上升了 8.6%。

2015 年到 2016 年，vivo 的手机出货量从 84 万部上升到 147 万部，一年时间上升了 63 万部，市场占有率从 7.9% 上升至 13.2%，一年时间，市场占有率上升了5.3%。

2015年到2016年，小米的手机出货量从171万部下降到105万部，一年时间下降了66万部，市场占有率从16.1%下降至9.5%，一年时间，市场占有率下降了6.6%。

2015年到2016年，苹果的手机出货量从126万部下降到86万部，一年时间下降了40万部，市场占有率从11.9%下降至7.8%，一年时间，市场占有率下降了4.1%。

从具体的分析中我们可以看出，华为、OPPO、vivo和小米的市场占有率中上升最高的当属OPPO和vivo，其中华为仅上涨了1.6%，

2016年中国智能手机市场

	2016年第二季度		2015年第二季度		
厂商	出货量（十万）	市场占有率（%）	出货量（十万）	市场占有率（%）	同比增长率（%）
华为	19.1	17.2	16.6	15.6	15.2
OPPO	18	16.2	8	7.6	124.4
vivo	14.7	13.2	8.4	7.9	74.7
小米	10.5	9.5	17.1	16.1	-38.4
苹果	8.6	7.8	12.6	11.9	-31.7
其他	40.2	36.1	43.5	40.9	-7.6
总计	111.1	100	106.2	100	4.6

▲2016年中国手机第二季度销售额表

小米和苹果的市场占有率分别下降了 6.6% 和 4.1%。

从表格的显示中我们可以看出，OPPO 和 vivo 的同比增长率最高，华为的同比增长率为 15.2%，而苹果和小米的同比增长率为负数。

这组数据清晰地表明，OPPO 和 vivo 利用线下渠道的力量、寻找明星代言以及营销信息聚焦关键技术等方法击败了小米和苹果，有望赶超华为，赢得市场。我们可以说，OPPO 和 vivo 通过打通线下渠道的方式，在小米的线上口碑宣传的“红海”里开拓出了一片属于自己的“蓝海”。

The *Revolution* Of *Consumption*

第五章 消费商时代，确立消费者主权

消费商时代，是消费者主导市场的时代。生产者想要了解消费者，就需要利用信息流将产品的相关情况传递给消费者，然后再通过信息的反馈来了解消费者的态度，从而针对反馈的信息对产品的生产规模、资源配置做出相应的调整。

5.1

确立主权，消费者不再是被动的消耗者

1. 消费者主权原则不可动摇

尊重和保护消费者主权，关乎每个消费者的切身权益，同时，也关乎移动互联网时代下，各类企业的生存和发展。

现代经济学之父亚当·斯密在《国富论》中最早提出了“消费者主权”的观点。诺贝尔经济学奖得主哈耶克也曾提出过消费者主权理论：消费者根据自己的意愿和喜好到市场上选择产品，市场把这种意愿和喜好传达给生产者。生产者再根据这些意愿和喜好来

制造产品，以供消费者购买。

无论是亚当·斯密还是哈耶克，他们的观点和经济学理论都揭示了消费者主权时代的最重要的一个特征：我的消费，我做主。

消费者喜欢什么样的产品，需要什么样的产品销售服务，都反映在他自身的消费行为中。比如，女性消费者群体偏爱某一品牌的化妆品，她们就会长期购买这一品牌。这一品牌的化妆品就会销量大增，而生产厂家和卖家所获得的利润也会很可观。

如果女性消费者对某一品牌的化妆品不感兴趣，就不会去购买，那么导致该品牌产品滞销。如果这一状况长期得不到改善，最终会导致生产厂家破产。

因此，生产厂家只有通过对产品销售情况的掌握，才能知道市场上消费者对产品的反映情况，从而更有针对性地进行生产经营。在这个过程中，消费者的购买意愿和个性偏好可以通过市场上的自身消费行为，直接决定生产者的生产经营。

这就相当于消费者通过手中的货币行使了自己的主权，向生产者发出了如何生产、生产多少的指令。所以，体现消费者主权最有效、最成功的方式，就是用手中的货币进行投票。

消费者喜欢哪种产品，就用货币进行购买。而“货币选票”的投向和数量，取决于消费者对不同商品的偏好程度以及消费者的经济利益和意愿。

生产者按照市场上消费者的投票情况和选票多少判断供求关系，根据供求变动和消费动向来规划和安排生产。因此，市场经济中，消费者的消费行为起着决定性作用。

如今，消费者主权已经成为不可动摇的经济学原则。消费者主权原则被认定为消费者和企业的利益都可以得到满足和实现的原则，同时被认定为是使社会资源得到有效配置的原则。

有人曾简单明了地指出消费者主权理论的特点，即无论大小企业都必须永远按照一个信念来经营和管理企业，而这个信念就是：企业要为消费者所有，为消费者所治，为消费者所享。

因此，我们必须承认这是一个彰显消费者主权的时代，任何企业都必须倾听消费者的声音，尊重消费者的意愿和偏好。

2. 个性张扬的消费者主权时代

移动互联网时代，消费者的自我意识逐渐觉醒，消费者主权进一步得到了扩展和延伸。

▶个性化定制抱枕

随着移动互联网的发展，单个的消费者可以通过互联网和智能手机相互连接，消费者和消费者之间不再是独立的个体，他们的“声音”开始在社交新媒体上不断放大。

富基旋风科技董事长颜艳春曾就消费者主权讲过自己以前听到的一个故事，故事的内容大致是：

> 一位宝妈在社交媒体上说，她买的婴儿纸尿裤——帮宝适发霉了。这位宝妈说的话刚被传到网上不久，另一位宝妈也说了自己买的帮宝适里面有臭虫。很快，两位宝妈的对话便在社交媒体里面大规模地传播。因为有了消费者的差评，据说那一个月宝洁公司帮宝适的业绩下滑了很多。可见消费者的力量通过互联网新媒体的传播得以发展壮大。

今天的消费者受到广告宣传的忽悠程度在大大降低。消费者在购物的时候总会去社交新媒体上做调查，甚至向陌生的消费者请教，哪怕远隔千里。消费者开始组建起社交消费群，形成新的力量，这种社交消费群为消费者权益保障提供了新的通道。

消费者是所有经济活动的原点，是一切商品经济活动中的真正主角。所以，对商业活动能够产生最具权威性、最具毁灭性、最不可预见和最变幻莫测的力量就是每天光顾商店的那些消费者，就是你、我和我们身边的每一个人。简单来讲，消费者主权就是消费者的购买意愿和个性偏好在商品流通领域的体现。

80后、90后、00后消费群体是追求身心自由的一代，他们关注的焦点是如何争取更多的观点自由和选择自由，因此，旧的营销手段已经无法吸引他们的注意力。

在数字化经济浪潮中，80后、90后、00后，尤其是00后的个性化消费主张迫切希望得到尊重和保障，他们希望在消费中获得自身个性的彰显：请在我的领带上印上我女友的名字；请在我的笔记本封面铭刻我喜欢的名句；请在我的T恤衫上印上泰戈尔的诗篇或某个明星的头像。

5.2

货币选票体现了消费者的自信与权利

1. 诺基亚手机的衰亡

英国的福利经济学之父庇古说：“消费者所享受到的效用，决定消费者的货币选票分布，每一个消费者会由此产生一组特殊的消费偏好排序。综合所有消费者的消费选择，便形成了社会的消费偏好结构（或需求比例结构）。还可以由此确定最佳的生产资料结构和自然就业率。所以，生产者必须根据消费者的选择来确定生产。消费者的货币选票通过其对生产的内在引导作用，间接决定了社会资源配置和经济福利。”

当消费者将手里的货币投向某一个产品，这款产品就犹如获得一张选票一样，获得的“选票”越多，这款产品在同类产品中脱颖而出的机会就越大。

股票是货币选票最鲜明的代表。股民根据自己的意愿，选择一家或几家企业，然后将货币投进去，换取该企业的股票，然后等待股票的价格上涨，以此获取收益。这是最直接的货币选票。

消费产品同样也是货币选票，只不过，股票是不能消费的商品。在消费商时代，忽略消费者群的市场经济是注定要失败的。最著名的案例，就是诺基亚手机的衰亡。

在传统经济时代，诺基亚手机以其长久的续航能力和过硬的硬件质量，受到了消费者群体的一致好评和喜爱。但我们要知道，在使用诺基亚手机的那个年代，手机的品种和类型还很少，消费者因没有太多的选择而一直处于被动的地位，他们只能选择和使用诺基亚手机。

▲诺基亚老款手机

随着时代的发展，以及人们的科研和创新能力的不断增强，手机品牌越来越多，功能越来越齐全，再加上很多手机厂商在售后服务方面做得非常好，他们根据消费者的反馈随时做出功能调整和完善，消费者的各种需求日益得到满足。

因为手机的品牌和类型不断增

多，消费者在诺基亚手机身上找不到了必须使用它的原因，于是，诺基亚成了可有可无的品牌。

2. 获得了消费者认可的蒙牛集团

著名经济学家陈瑜教授说："消费决定着生产的成败，决定着每一张货币的投向。当消费者成为市场经济的主人，一切的活动都要围绕消费者展开。"蒙牛集团深谙"消费者主权理论"，因此，他们创建了"以爱为核心价值"的企业文化。

2011年，蒙牛设立了"工厂开放日"，在这一天蒙牛会敞开大门，以最大的诚意欢迎前来监督检查的消费者代表。

2013年，蒙牛启动"绿色蒙牛幸福畅游"有奖参观活动，NBA球星丹尼·格林、乒乓球世界冠军马龙和郭跃等与获奖消费者一起走进蒙牛工厂，见证一杯牛奶的诞生。此后，蒙牛持续不断地邀请不同群体的消费者走进工厂，见证牛奶生产的过程。

也正是因为这种以消费者为中心的服务，蒙牛获得了消费者的认可。正因为有了消费者的支持和认可，蒙牛集团才能从传统商业模式时代坚挺到互联网新商业模式时代。

可以说，谁以消费者为中心，消费者就会把货币投向谁！生产商一定要记住，你的奖杯是消费者用货币换来的。

3. 赢得消费者货币选票的三种方法

在消费商时代，有三种方法能够赢得消费者的货币选票：

（1）改善产品功能和质量

诺基亚的失败和蒙牛奶业的成功，都说明了一个问题：生产商想要获得消费者的货币选票，就需要把消费者放在中心，根据消费者的需求来改善产品的功能和质量。把消费者放在中心是赢得消费者的货币选票最直接的一种方法。

（2）针对消费结构进行生产

想要获得消费者的货币选票，还要明白消费者的消费结构以及变动规律。

生存型消费重点体现在物质产品上。食品、衣着、家庭设备等都属于生存必需的物质产品。这几类产品涉及的范围很广，食品类包括粮食、糖、茶、烟酒等；衣着类包括服装、布料、鞋帽等；家庭设备类包括家具、家居、交通工具等。生产者生产制作这几类产品时，一定要保证质量。

发展型消费是人们为了寻求更好、更快的发展而产生的消费需求，比如，人们为了丰富自己的知识而花钱买书、上学的行为就是发展型消费。

享受型消费包括文化教育、娱乐用品、各种服务享受等等。享受型消费属于较高层次的消费，是为了满足享受而产生的消费。

随着社会的进步和经济的发展，消费者的需求也在不断地发展，从最初的生存型消费升级为现在的享受型消费和发展型消费。因此，生产者想要赢得消费者，一定要从享受型消费产品上入手。

（3）新的营销方式

在哈尔滨，有一种名叫格瓦斯的饮品，深受哈尔滨人的喜爱。

哈尔滨人从小就喝格瓦斯，这也意味着哈尔滨人在格瓦斯身上投下了不少的“货币选票”。但这种局面在娃哈哈饮料打入哈尔滨市场后被打破了。

娃哈哈饮料在全国各地都有销售，它采用的是支持送货到店的营销方式。这种方式对商店老板无疑是非常有吸引力的。娃哈哈饮料的价格和格瓦斯的价格差不多。然而，商店老板销售货物，无非是赚取差价。价格一样的话，商店老板当然会选择在门口进货而不是去市场进货了，毕竟，自己亲自去批发市场进货的话，又会产生一笔采购运输费用。

为了缩减运输费用，哈尔滨的县城超市和乡村小店，纷纷选择进购娃娃哈饮料，很快娃哈哈饮料在商店的货架上就有了自己的位置。

一边是价格低廉、品种繁多的娃哈哈；一边是价格高、品种单一的格瓦斯，可想而知，消费者自然会选择娃哈哈了。在这场货币选票争夺战中，娃哈哈毫无悬念地胜出。

娃哈哈之所以能战胜格瓦斯，主要在于它营销方式做得好。

5.3

信息流主导物品流

1. 此物品流非彼物品流

在消费商时代，消费者投资的产品既可能是“近在咫尺的”，也可能是“远在天涯的”。消费者想要获得“近在咫尺的”产品很容易，可以自己去取，但想要获得“远在天涯的”产品，就需要利用“物品流通”了。

各大消费商平台上，都有关于物品流通的详细安排。物品流通涉及流通商环节。流通商是通过产品的流通赚钱的，产品流通的数量和速度，决定流通商赚钱的多寡，流通商不会参与到消费商和生产商的利润分配中来。

现在我们提到的物品流，并不是物品流通，此物品流是指根据消费者的具体需求而进行的物品输送。比如，娃哈哈针对消费者群，将几十种口味不同的饮料输送进乡镇超市。

如果这样还不能理解，那么，咱们再来举一个例子。有一个游戏玩家在打游戏时，经常会打出物品来。倘若物品被玩家捡起来装进背包，这个物品就“流”入了玩家的背包里。当游戏玩家打开背包后，物品会根据玩家的需要，自动装备起来，这个物品就“流”到玩家的身上。倘若没有捡起来，物品就“流”进了场景里。

物品流对于消费者的吸纳和转化至关重要。只有把消费者需要的物品“流”到他的面前，他才知道这款产品对自己是否有用。如果娃哈哈不送到哈尔滨市的县城和村镇上，即使互联网时代的信息再发达，即使那里的消费者知道有这样一款饮料，他们也不会去购买它。但要是能将产品送到消费者的家门口的话，那效果就不一样了。

因此，当娃哈哈源源不断地“流”进商场和超市时，消费者的货币选票也就源源不断地投给了它。娃哈哈饮料之所以能“流”到哈尔滨的乡镇消费者面前，得益于信息流的传播。也就是说，信息流主导物品流。

娃哈哈集团通过信息流知道，哈尔滨那边的饮料种类单一，除了格瓦斯之外，几乎没有别的饮料。所以，他们才会做出将娃哈哈输送到哈尔滨各县城超市的决定。这个决定让娃哈哈拥有了无数的消费者，同时，消费者也为娃哈哈集团带来了更多的效益。

2. 信息流是消费商业流通的灵魂

信息流，是依托大数据分析得来的，可以说，它是互联网时代的产物。信息流又分为广义的信息流和狭义的信息流。

广义的信息流是指，人们使用各种现代化的传递媒介来实现信息交流。这些传递媒介包括信息的收集、处理、传递、储存、检索和分析等渠道和过程。狭义的信息流是指，信息处理过程中，信息在计算机系统和通信网络中的流动。

信息流具有沟通连接、引导调控、辅助决策和经济增值等功能。社会经济生活包括商流、物流和资金流，而这三者都和信息流相关，它们四者构成了电子商务。在每一笔电子商务交易中，信息流要做的事情有很多，几乎囊括了每一笔交易的大部分工作。

懂经济学常识的人都知道，市场经济的调节机制，包括价格机制、竞争机制、金融政策等内容。而这些内容的实质就是各种各样的信息。我们所说的，通过调节机制来主导市场经济，也就是通过信息传递来调节经济活动。

消费商时代，是消费者主导市场的时代。生产者想要了解消费者，就需要利用信息流将产品的相关情况传递给消费者，然后再通过信息的反馈来了解消费者的态度，从而针对反馈的信息对产品的生产规模、资源配置做出相应的调整。

信息流涉及的方面有很多，它在消费投资交易中除了与前期的信息调整有关之外，还会涉及产品销售中的促销和行销等活动。

当然，信息流并不只是为生产者所用，它也能够为消费者所使用。当生产者把信息传递给消费者，消费者就成了信息的使用者。他们利用信息，向潜在消费者传递产品的资料和讯息等相关资料。这些传递就像一盏明灯，让消费者看清消费真相，从而自愿成为消费投资者——消费商。

综上所述，不难看出，信息流其实就是商业消费流通模式的灵魂。有了信息流，消费商商业模式才能更好地发展。

5.4

人工智能深度开发信息流

人工智能（Artificial Intelligence），英文缩写为AI。从严格意义上来讲，人工智能是研究开发用于模拟、延伸和扩展人的智能的理论、方法、技术及应用系统的一门新的技术科学。

长久以来，创造出堪与人类大脑相平行的机器脑（即人工智能），对人类来说一直就是一个极具诱惑力的领域。为了实现这一梦想，科学家们已经为之探索研究了很多年。如今，人工智能正在进入高速发展和广泛运用的快车道。

国际数据公司（IDC，International Data Corporation）曾发布了人工智能白皮书——《信息流引领人工智能新时代》。白皮书提出，人工智能进入 2.0 时代：以信息流为代表的新技术，将引领新一代人工智能的发展。

据 IDC 预计，全球用于人工智能的资金支出预计到 2020 年将达到 2758 亿人民币，未来 5 年，复合年增率将超过 50%。由于中国政府对人工智能实行国家战略层面的政策支持，资本市场对人工智能的高度重视和持续投资，将促使人工智能飞速发展。到 2020 年，中国人工智能技术支出将达到 325 亿，占全球整体支出的 12%。

IDC 的这一预估得到了实业界的数据支持。百度公布的业绩报告显示，2017 年第三季度百度信息流广告年化收入超过 10 亿美元。手

▲人工智能

机百度用户使用时长增长15%，在国内日活跃用户超过1亿的头部App中增长率排名第一。所谓“头部App”是指市场认可度排名居于前端的App，品牌知名度最高，最受用户欢迎。

可见，作为人工智能商业化落地的领跑者，百度信息流上线一年多来，业绩一直处于高速增长状态。而人工智能技术已经开始在更多高科技产品中发力。

人工智能技术正向交通、教育、医疗等各行各业进行渗透和延伸。在信息搜索的内容分发领域，通过人工智能技术的赋能，百度核心业务纷纷聚焦产品创新。信息流广告最早出现在社交媒体中，现在也广泛出现在互联网搜索栏的下方推荐内容中。

与传统搜索方式相比，信息流借助人工智能技术能通过年龄、性别、兴趣爱好、地理位置等信息，准确找到用户群体，然后精准地进行内容推送和个性化推荐，从而实现用户不搜即得、搜一得十的效果。这也将大大增强用户与网站之间的粘连度。

与此相对应的是，当用户群体确定好，商业广告就能通过信息流将产品的信息精准地投放到潜在的消费者人群中。

随着社会信息化程度的不断加深，人们对信息的需求越来越强烈。而信息流则是以错综复杂、瞬息万变的纷纭形态呈现在人们的眼前。因此，社会和经济发展迫切需要新技术来更高效地实现人与信息的连接。

新一代人工智能的新理论、新技术、新平台跟社会新需求相结合，就会有强大的延展性和渗透性。而发展人工智能也需要更多的数据作支撑。信息流产品天然和人工智能有着极为紧密的联系。这种新模式带来的流量和产生的经济效益将是十分惊人的。

人工智能深度开发的信息流，将对各行各业产生重大颠覆性影响。我们完全可以想象，“智能 +”将成为继“互联网 +”之后又一个创新的风口，催生新的业态和商业模式，为各行业带来新的发展机遇。

正在兴起的人工智能浪潮，未来将占据行业发展的制高点。尤其是人工智能驱动的信息流将极大促进新科技与实体经济的深度融合，成为经济发展的新引擎。这种深度融合既是人工智能产业实行商业化运作的路径，也是传统产业实现升级换代的风向标。

我们可以想象，人工智能赋能的信息流技术将使商业活动的形态发生巨大的改变。无论是商业广告的精准投放、对特定消费群体消费意愿与个性偏好的精准把握，还是对产品销售数据信息的定向跟踪和分析，都将对商品营销方式产生深刻的影响。

5.5

打造精品，引爆消费者的购买欲望

1. 传统的消费者思维

产品的使用者（消费者）转化成该产品的消费商的最关键一点就是产品的品质。

信息流能够帮助生产者获得消费者的反馈，从而根据消费者的反馈对产品做调整。但这并不意味着生产者就一定能根据消费者的反馈制造出切实满足消费者需求的产品来。

生产者如果想要打造一款精品，并希望在很短的时间内满足消费者的购买欲望，除了要依靠信息流之外，还要看清楚消费者的消费思维模式。

在传统的消费中，消费者的思维模式有三种：

（1）喜好便宜思维

同一款产品，同样的质量，不同的价格，消费者一定会选择价格低的一款产品，这是消费者的惯性思维。毕竟这样的消费会减少自己财富的耗损。千百年来，人类的消费思维已经形成了这种固定的模式。

针对消费者这种思维模式，销售商采取了“唱双簧”的营销策略。

比如，消费者在商场看中了一款外套，但是，这款外套上并没有标明价格。于是消费者就会去咨询服务员 A。此时，服务员 A 就会大声问不远处的服务员 B。服务员 B 告诉了服务员 A 外套价格为 120 元。

此时，服务员 A 假装听错了价格，告诉消费者此件外套的价格为 100 元，事实上 100 元是这款外套本身的销售价格。服务员 A 和 B 其实是演了一场双簧而已。但消费者并不知道，还觉得自己捡了一个大便宜，于是毫不犹豫地买单了。

在传统市场经济中，销售商利用消费者喜好便宜的心理，使用“唱双簧”的营销策略，存在了很长的一段时间。

（2）货比三家思维

在传统的消费市场中，消费者都是非常理性的。他们通常会从价格、质量和售后服务等方面对多家产品进行比较。

针对消费者喜好比较的消费心理，销售商又想出了很多“优惠套餐”。销售商利用“优惠套餐”，让消费者在对比中体验到实惠和方便，从而不由自主就会消费。

即使是在同一家店里，销售商也有办法针对消费者“货比三家”的消费思维进行营销。销售商会先向消费者推荐价格比较高的产品，然后再推荐价格较低的产品。如果消费者觉得价格太高，超过了自己可承受的范围，他们就会考虑购买价格较低的那一款产品。事实上，价格低廉的产品往往成本更低，利润也更高。

（3）品质膜拜者思维

在消费者中，有相当一部分消费者是高品质产品的忠实用户。他们有品位和档次，注重产品的质量，不在乎价格。这种对产品品质的崇拜，让他们形成了“品质决定价格”的思维模式。

生产商通常会利用消费者的这种思维模式打造出各种高端奢侈品。销售商也会根据消费者的消费档次来决定是否推荐高端奢侈品。虽然这些奢侈品的价格比同类产品的价格要高很多，但有些消费者却愿意购买。

然而，随着时代的发展，人们进入了消费商时代，商业模式在改变，消费者的消费思维也在改变。倘若此时，生产者还按照传统消费思维模式来制造产品、进行营销的话，是注定要失败的。

2. 寻找爆点，打造精品

消费商时代，消费者的消费思维是怎样的呢？

首先，消费者希望快速获得产品的相关信息。移动互联网时代，各种各样的信息层出不穷，众多且庞杂，但消费者能接受到的信息非常有限。因此，生产商和销售商提供给消费者的产品信息在精，而不在多，过多的信息会被消费者舍弃。

其次，消费者喜欢精简化的产品，讨厌烦琐。很多时候，生产商和销售商为了让自己的产品在同类产品中脱颖而出，会在自己的产品中增加很多功能，满足消费者的购买心理。但事实上，这样的方式是错误的。互联网时代的消费者讨厌繁复和琐碎，更喜欢简单易懂的产品。

第三，消费者认定一款产品后，会陷入“偏执”性的确定中。消费商时代是以消费者为中心的时代，消费者的每一次购买都是消费者主动选择的结果。消费者能主动接受某一款产品，一定是这款产品在最大限度上获得了消费者的喜爱。所以他们一旦认定某一款产品，就会成为它的忠实用户。

最后，消费者喜欢新颖的产品。科技在发展，产品也越来越多样化。消费商时代的消费者很容易被新的产品所吸引。因此，生产商和销售商想要留住消费者，并吸纳新的消费者，一定要不断创新，生产和销售各种新款产品。

以上四种消费思维模式，只是消费商时代众多消费思维模式中最常见的几种。但生产商只要针对这其中的任何一种思维模式做出产品爆点，就能打造出精品来。

生产商和销售商要切记：要专注在“爆点”上。不要想着做出一款真正完美的产品，从而网罗所有消费者的心。这是不可能的事情，从来没有哪一款产品能够同时得到所有人的喜爱。

那么，怎样找准爆点呢？

2017年9月，王老吉推出了一款黑凉茶。这款饮料一经推出，就受到了年轻消费者们的喜爱。王老吉黑凉茶的配方和传统的王老吉饮料的配方有所不同，但这并不是引爆这款产品的“点”。王老吉黑凉茶的引爆点在其外包装上面。

传统王老吉饮料的外包装是红色系列，宣传语也是一板一眼的：正宗凉茶王老吉。但王老吉黑凉茶抓住年轻消费者追求新、奇、酷、炫的心理，重磅推出了酷炫十足的黑罐凉茶，打破人们对王老吉红罐包装的固有印象。

与王老吉饮料的传统包装模式完全相反，此次，王老吉大胆采用了暗色系之主——黑色作为罐体设计的主色调，同时还在罐体上使用了，包括箭头、爱心、飞机、机器猫等多达 88 种插画元素的图标，用电玩风格巧妙地展现出了二次元调性，更加符合年轻人的消费需求。

因此，王老吉黑凉茶一经推出，就受到了年轻消费者的喜爱，消

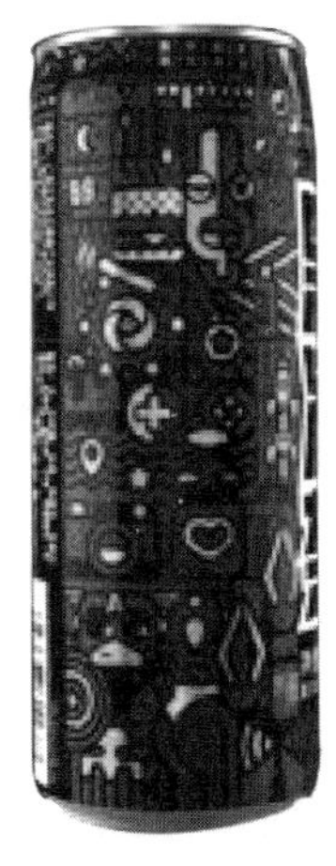

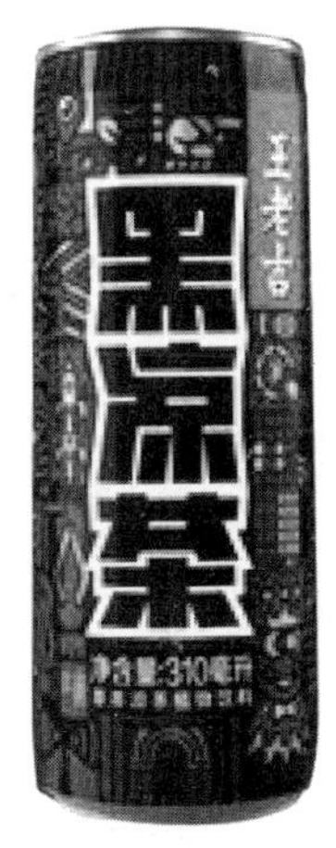

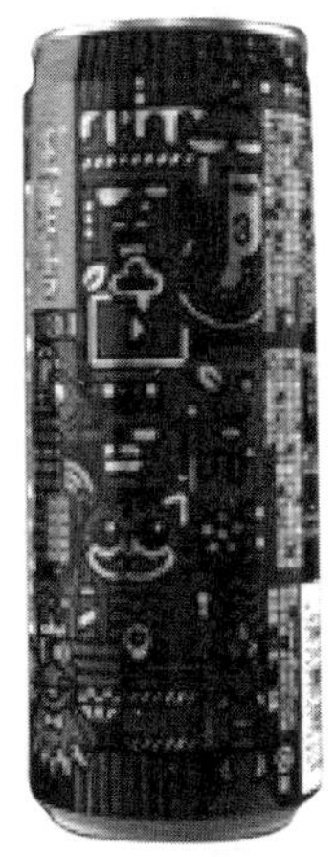

▲王老吉黑罐凉茶

费者竞相购买，王老吉黑凉茶也因此名声大噪。从黑凉茶案例中我们可以看出，生产者如果想要打造精品，寻找爆点是关键，而爆点就是消费者的内心需求。

5.6

消费者既是上帝，也是合伙人

1. 从被剥削者到上帝

在中国的传统经济学中，等级消费观是主流。以孔子为首的儒家思想领袖们尤其看重这一点。他们坚持大众消费者没有主权，只能被动接受消费的观点（当然那些达官贵人除外），因此才有了“公食贡，大夫食邑，士食田，庶人食力”的消费思想。

在以货币资本为主导的社会里，消费者的力量和权益被忽略，他们只是被动地接受消费，也因此变相地接受剥削。

当社会发展到知识资本社会的时候，人

们开始认识和承认知识资本的重要性，并赋予其相当丰厚的物质资源作为回报。国家、社会和企业也渐渐地承认知识产权可以作为入股的资本。知识资本因此拥有了它该有的社会地位。

但此时的消费者，依然处于被动消费的状态中。消费者依然是被剥削者。直到进入了消费资本社会，消费者被剥削的局面才得以改观。

当现代经济学之父亚当·斯密在《国富论》中提出“消费者主权”概念的时候，人们才意识到，一直以来发生的每一次经济危机，都与消费者的权力缺失有关。

消费者才是市场经济中真正的主人。只有消费者的需求和意愿得到满足，产品才能被购买。倘若消费者不喜欢这款产品，那么它就不能获得消费者的货币选票，那么它就会滞销。

市场，由消费者说了算。生产者必须听从消费者的意见来安排生产，只有这样，消费者才能获得自己满意的产品，他们才愿意花钱去购买。就这样，消费者从被剥削者变成了上帝！

最开始的时候，社会和人们自身僵固的思维模式并不愿意承认这种转变，他们依然坚持一贯的市场经济中“生产者主权”的观点，坚持这个观点的代表人物有诺贝尔经济学奖获得者、美国著名的经济学家加尔布雷斯。但他的这种坚持很快就被快速发展的时代打败了。

当政府为了 GDP 的增长而拉动消费需求时，消费需求成了社会总需求的重要组成部分。消费需求，是指在一定时期内，全社会对产品和服务的最终全部消费支出。从统计学角度来说，消费需求又被称为总消费。

在 GDP 增长中，一共有三种需求：消费需求、投资需求、净出口需求。其中，消费需求占的比重最大。

有些人并不愿承认消费的重要性，执意用生产需求来代替消费需求以计算消费率。但这种方法计算出来的数据往往严重低于真实数据。因此，政府不得不承认消费者的地位和权益。在这样的大环境下，生产者和企业不得不向消费者“俯首称臣”。

2. 改变思维，做最好的合伙人

消费商时代已来临，我们必须从“消费者是上帝”的思维模式中跳出来。消费者不再只是消费者，已经变成了投资者。消费者不再只是上帝。消费商时代消费者的身份已经发生了转变，消费者成了合伙人消费商。

当消费者变成消费商，他和生产者之间就不再是对立的关系了，他们成为合伙人，他们之间是相互依存、共生共赢的关系。只不过，这种合伙人模式，与法律认定的合伙人略有不同。

法律认定的合伙人是怎样的呢？它与消费商与生产者组成的合伙人模式又有什么不同之处呢？

合伙人是指投资生产商合并组成合伙企业，并参与合伙经营的组织和个人。合伙人享有权利、承担义务，并对企业债务承担责任。

消费者花钱购买生产商的产品，在这笔消费中，有一部分是消费者应该获得的利润分成。在消费者转换成消费商之后，他通过分享、传递等方式，与其他消费者一起组建消费者群，并成立产品购买渠道。通过这个渠道售出的每一个产品所获得的利润，都有他应该享有的利润分成。

消费商把这些利润分成投入产品再生产，这种行为属于消费商投资生产商。因此可以说，消费商是生产商的投资者。

在产品销售过程中，消费商会积极地分享并吸纳消费者，引导他们加入消费行列。因此可以说，消费商和生产商一样，都加入到产品的经营中去了。到了后期，他们会共同享有利润分配的权利。可以说，在消费商时代，消费商和生产商是名副其实的合伙人。

在很多倡导消费商业模式的平台上面，都明确表明消费商和生产商是合伙人。只不过，由消费商和生产商组成的合伙人模式，与传统合伙人模式有所不同。区别在于，消费商并不承担产品销售的义务，更不承担生产过程中的债务。也就是说，消费商享有合伙人的权利，却无须承担义务。这是一种没有任何风险的合伙人模式。

案例
消费商时代的 O2O 完美闭环

全新的 O2O 闭环模式

2017 年 5 月 18 日，北京市交通委向滴滴发放了北京区域网约车经营许可证。这标志着滴滴打车的 O2O 模式完美闭环。

滴滴公司用三年时间完成了从滴滴打车软件到出行平台，再到线上—线下—线上的 O2O 闭环。这不能不称之为一个奇迹。说到滴滴打车创造奇迹之前，我们先来说一说 O2O 闭环模式。

O2O 模式能够将互联网与线下商务结合在一起，线下交易为互联网提供内容，互联网为线下交易提供平台。只要企业的产业链同时涉及线上和线下，并且具备“独立网上商城、国家级权威行业可信网站认证、在线网络广告营销推广、全面社交媒体与客户在线互动、线上线下一体化的会员营销系统”这五个要素，就可以称之为O2O电子商务平台。

中国的O2O电子商务模式诞生于2013年，它开启于苏宁线上线下同价之时。在开启之初的1.0时代，只是实现了线上线下的初步对接功能。在逐渐发展过程中，O2O具备了以上五大要素，这标志着O2O电子商务进入2.0时代。

在这一时期，O2O电子商务模式实现并升级了电商服务功能，包括下单、支付等流程。并将电商模块转移到生活场景中来，O2O开始成为消费者生活中非常重要的一部分。

就在这个时候，滴滴打车上线，并成功运用了O2O电子商务模式。O2O所具有的线上和线下相结合的2.0时代的功能给滴滴打车创造了非常便利的条件。甚至可以说，如果不是O2O的这些功能，滴滴打车纵然有优秀的团队，也不会这么快就从一个打车软件转换成一个出行平台。

滴滴开启全新O2O时代

正如前文所说，滴滴在成为出行平台之前，只是一个叫车软件，后来，随着手机系统的升级，该软件推出了出租车到达时的信息推送功能，以及一键重复发送功能。这两个功能为打车的消费者带来了极大的方便。

消费商时代的消费者，对于便捷简单的东西总是情有独钟。因此，滴滴打车软件很快就风靡了整个出租车市场。

“一切以消费者为中心”的理念使得柳青和她的团队发现，出租车行业还有很大发展的空间，因为中国人的出行需求多种多样，单一的出租车业务根本无法满足这些需求。滴滴打车软件决定趁着O2O电子商务模式的东风，将线上的业务拉到线下来。

为了让消费者放心使用滴滴打车的出租车，柳青和团队办了正规的出租车手续，然后又制定了统一的价格，招聘了很多熟悉路况的司机。

不只是滴滴打车期望利用O2O电子商务模式获得红利，在“互联网+”时代，每一个生产商都企图争夺O2O市场，并在O2O市场中分一杯羹。只是因为滴滴打车率先掌握了和利用了O2O模式，并在此基础上研发出了新的技术。

滴滴打车研发出的技术名为LBS。LBS（Location Based Service），即基于位置的服务，它是通过电信移动运营商的无线电通信网络或外部定位方式获取移动终端用户的位置信息，并在地理信息系统平台的支持下，为用户提供相应服务的一种增值业务。

LBS是以消费者为中心所研发出来的一种新技术，它具有覆盖率高、定位精准的特点，无论消费者在哪个地方，滴滴打车都能利用这项技术在几分钟之内赶到消费者的身边，并按照消费者的要求把他带到他想要去的地方。

同时，LBS技术还能基于地理位置发送相关的个性化信息，让有精准营销需求的消费者得到更加有效的实现。全球美肌品牌OLAY在母亲节期间需要做活动促销，于是便拉上滴滴打车，借助它的LBS功能，做起了免费肌肤测试网上预约活动。

消费者预约成功后，倘若乘坐滴滴专车到达店铺里，就能享受到滴滴专车的百元礼券。并且滴滴专车会把你送到OLAY专柜享受肌肤测试服务。

这次活动不仅让滴滴专车的业务量上涨，OLAY的曝光度和销售量也得到提升，消费者也享受到免费的服务。这次活动的成功，不只是三方受益的事情，更是滴滴打车实现O2O完美闭环的一次成功经历。

The Revolution Of Consumption

第六章
网络新媒体在消费商时代的运用

消费商是一个新型的职业，消费商的职责就是分享机会，但分享也是需要技巧的。消费商只有掌握了一定的技巧，才能把他人吸引到自己的旗下，成为消费者；消费商如果不懂技巧，不但不能使自己分享的内容得到他人的认可，甚至有可能引起他人的反感。

6.1

利用社交新媒体进行营销

移动互联网时代，网络新媒体营销已经成为现代营销模式中最重要的部分。互联网、移动电视、手机短信等一系列在高新科技承载下展现出来的媒体形态，被现代人称为新媒体。网络杂志、博客、微博、微信、SNS等新兴传播媒体的出现使得产品的营销更加有力。

新媒体营销具有鲜明的互联网时代特点。从时间上看，新媒体营销具有快速传播和几何级数扩张的特点；从地域上看，其具有跨地域、跨国界的特点；从方式上看，其上面的文字、图像、视频等均可迅速转载，形成强大的传播效能。

就商业营销这一块来说，营销内容通过新媒体上具有高信任度的社交关系链进行传播，产生的营销效果远超传统模式。营销人员只要从营销关系链条中的任何一个点切入，都可以迅速展开营销宣传攻势。商业营销可以从单一的点上直接切入，也可以从多个点上同步展开。但要知道多点启动的叠加聚合效应将更明显，效果更好。

最初切入的这个点可以是突发性新闻事件，也可以是一桩涉及营销对象的娱乐圈八卦新闻话题，还可以是精心策划的一次植入式广告，需要强调的是，营销人员必须使营销内容具备新闻爆发力。

一旦正式启动营销宣传攻势，消费商只需要依靠优势资源将内容的“石块”投入用户关系链组成的“湖泊”中，涟漪便一圈连一圈甚至一圈叠一圈地迅速传播出去。如引发微博大V的大量转发，各个微信群疯狂转载，水军强顶至热门话题榜等。

在社交新媒体和电商平台上，谁的用户多，谁的流量大，谁的平台就越有价值。淘宝、天猫和京东商城的市值就是由“浏览量”决定的。

社交新媒体对中国消费者的购买意愿有着重大影响，特别是在商品发现和筛选方面。据统计，中国消费者在社交媒体上了解其他消费者分享消费体验的人数，几乎是美国消费者人数的两倍。而90%的中国消费者承认，与零售商在社交媒体上互动会使他们购买更多商品，而全球平均水平仅是62%。选择朋友或家人推荐产品的中国消费者为28%，全球为19%；选择网友推荐的中国消费者高达20%，全球也仅为8%。

可见，社交媒体已成中国消费者购买产品决策的关键。因此，许多生产厂家和品牌商已将社交媒体作为其零售模式的一个关键要素，而这也正是消费商大展身手的地方。

消费商如果能将消费者对社交媒体的信赖度转换成购物行动，那么，他们将获得不菲的收益。中国零售业正围绕消费者而非技术进行不断改变，企业也需要以同样的方式来应对。

6.2

消费聚拢，刮起一场社群风暴

1. 从社群开始做消费商

消费商是一个新型的职业，消费商的职责就是分享机会，但分享也是需要技巧的。消费商只有掌握了一定的技巧，才能把他人吸引到自己的旗下，成为消费者；消费商如果不懂技巧，不但不能使自己分享的内容得到他人的认可，甚至有可能引起他人的反感。

消费商的分享技巧有很多种，包括社群分享、视频直播、微博推广、微信交流等等。现在，我们主要来说一下怎样通过社群分享来聚拢消费。

关于社群、消费和经济的关系，著名作家艾瑞克·奎尔曼有过经典的预言。他说："Facebook、YouTube、Twitter、Plurk 等社群媒体平台近些年来迅速走红。它们不只是聊天、玩乐、打发时间的工具，事实上，社群媒体已经彻底颠覆商业与消费者行为。即时通信功能让成千上万人彼此相连，不仅影响人们的社交生活，也促成了庞大的社会经济转变，彻底改变消费者与企业之间的沟通与互动模式。"

什么是社群呢？所谓社群，就是基于一个点，将一群人聚合在一起。这个点可能是某种爱好，也可能是某种需求。群里的人会因为这个爱好或需求，形成一种社交关系链。只要找准了这个社交关系链，并把它运用起来，就能达到分享的目的。

红酒微讲堂是一个葡萄酒爱好者的社群，专门分享和传播红酒文化，其中的文章吸引了大量的葡萄酒爱好者前来浏览。2017 年 10 月，红酒微讲堂建立了一个葡萄酒学习社群，很快，报名人数就突破了 1500 人。报名人数众多主要是因为社群的共同点威力强大。

当然，只是有共同点还不够，还需要利用运营法则。否则，即使社群建立起来了，也会变成沉寂的僵尸社群。

2. 运营社群要遵循的五项法则

（1）社群动机

作为一名消费商，你一定要弄清楚，你要分享给消费者的产品是什么？你究竟要做什么？

移动互联网的快速发展，使得社群的建立更加便捷。微信公众号、天涯论坛、博客、QQ 群都是随着互联网的发展而兴起的社群。只不过，这些社群的运营者是通过聚拢流量来实现经济变现的，且这些社群大多数都是针对某一件事而建立起来的。比如一群人喜欢跑步，他们就会聚在一个群里，这样就方便假期时相约一起去跑步。

QQ 群是一个普及性非常强的社群。但当初为了吸纳 QQ 成员进入，腾讯团队可是费尽了心思。腾讯的开发者把 QQ 群设置成很多种类：同学群、粉丝群、工作群、游戏群、兴趣爱好群等等。这在很大程度上满足人的任何一种关系网的需要。但消费商时代的社群与上述这些社群属性不同。

消费商打造社群的动机是销售产品。消费商想要销售哪一款产品，就会针对这款产品去拉拢相关的人进到社群里来。

（2）社群愿景

社群愿景是群主在组建一个社群的时候，内心当中的一种愿望。当群主把大家聚拢在一起的时候，一定要告诉他们，你们在一起要做一件什么事情。群主只有说出充足的理由，才能说服别人参加社群，并留下来。

当消费商在说服他人参加社群的时候，如果只是简单地说要“分享机会，共享财富”，那么，不懂消费商理念的人就会有抵触情绪。因此，消费商在说理由的时候一定要用技巧，一定要了解一个人内心的真正需求，找出说服他的理由。

每一个人都有尊重需求和归属需求。消费商在说出理由的时候，一定要充满亲切感，同时还要肯定对方，赋予对方信心。最重要的就是，消费商应该找到自己与他人的共同点，让对方感到有归属感。

（3）社群价值

社群最早是一款聚拢流量的工具。但在消费商时代，它已经不再只是一款工具，更是一个社交关系链。消费商要通过它将产品和消费者结合在一起，从而实现消费创富的目的。所以社群的存在，对于消费商和生产商来说都具有非常大的价值。

（4）社群魅力

我们经常可以看到一些社群，在建立之初，群成员都很活跃，每天都会在群里说话。但过了一段时间，很多群成员都不再出来说话了，社群就开始沉寂了。究其原因，主要是社群不具备持续吸引人的魅力，不能够长久地吸引成员的关注和热情。因此，想要让社群火爆，就需要让它拥有持久的魅力。

消费商时代的社群是一个社交关系链，在这里的每个人都是生活中真实的人，他们愿意亲近具有魅力的生命，这是人类的特性。

消费商想要成员留下来，除了分享好的产品之外，还要打造自己的个人魅力，让自己的生命变得鲜活而生动。你有了魅力，你的社群就会因你的魅力而绽放异彩。当你有魅力，你的社群内的成员就会紧紧地追随着你，从而愿意与你连接。

（5）社群福利

如果说前面四条法则都是为了发展和壮大社群，让社群变成一个更大的社交关系链。那么社群福利将是切实为消费者考虑的一个法则。社群福利能迅速聚拢消费者，并引起一场社交风暴。

社群福利，就是消费商中的利润分红。当一个人加入社群，只要消费了产品，就成了新的消费商，此时，消费不再是耗损财富，而是创造财富。但这还不足以引起一场社交风暴。

当社群成员转变成消费商后，他们又会把这个机会分享给身边的人，或是创建属于自己的社群。同样，利用以上的法则，他们会打造出一个个新的社群。如此发展下去，整个社会中的人都有可能成为消费商。

6.3

粉丝互动，短视频垂直细分

1. 视频直播是聚拢人气的新兴神器

如果说，建立社群是消费商聚拢人气的入门工具，那么视频直播算得上是消费商聚拢人气的新兴神器了。

视频直播的前身是广播电视平台上的点播业务。后来，随着互联网科技的发展，相机视频录制和手机视频录制功能不断健全，录制视频不再是一件专业性很强的工作了，而是大众皆可消遣的娱乐活动。

作为消费商，他会把录制出来的视频发在各大社交平台上，供人欣赏和点评。相比图片和文字，视频比较贴近人们的生活，有着更加生动、直观的效果。一时间，短视频成了吸粉利器。

相比社群中消费商和群成员之间的平等关系，短视频主人和围观网民之间多了一种偶像和粉丝的意味。在众多的短视频录制中，最成功的短视频主人便是 papi 酱了。

这个被称为“2016 年中国第一网红”的女孩——papi 酱，就是因录制短视频一夜走红的。两年来，她的每一期短视频都会有超高的播放量。《papi 有嘻哈》视频创造了 24 小时微博单品台播放量超过 3000 万，点赞 30 余万次，转发 14 多万次的流量数据。

papi 酱利用短视频制作，不但获取了 2517 万粉丝，还获得了 1200 万的首轮融资，以及 2200 万的广告费。此时，我们不得不感叹，短视频直播中确实蕴含着巨大的商业潜力。

为什么 papi 酱能够持续引起网民的关注，并把网民转化成自己的忠实粉丝呢？通过观察 papi 酱的视频，我们可以发现，她每一期的视频内容都具有较高的水准，对内容的归纳概括非常精准，并且很有趣。重要的是，papi 酱的表现力非常强，这也就是 papi 酱能一直保持网络热度的主要原因。

消费商如果想要利用短视频进行分享，可以参考一下 papi 酱的视频直播模式。

2. 内容为王和关键的软广告植入

作为一名利用短视频来做分享的消费商，无论你要分享什么产品给你的粉丝，一定要在内容上下功夫。一款产品本身有很多的内容，你要挑最有趣、最有分享价值的内容放到视频里面。只有这样，围观网民的兴趣才能被调动起来，从而持续关注你，并成为你的粉丝。

papi 酱在《客户爸爸》那期视频中，打趣日常生活中喜欢刁难人的客户。销售者可能经常会遇到喜欢刁难人的客户，在面对无理取闹的客户的时候，他们会郁闷、抱怨，甚至怒火冲天。然而 papi 酱在这期说“刁难人的客户”的时候，语气没有抱怨和攻击，只是在谈笑间就吐了槽，这让粉丝们觉得遇到这样的客户也并不是一件多大的事情，一下子就开心起来了。

在快手短视频平台里，有一个名叫“搬砖小伟”的红人——石神伟，石神伟经常直播自己在工地健身的视频。他的视频引起网民的兴趣，于是他吸纳了大量的粉丝。

很多人都觉得石神伟虽然红，但因为某些原因只怕永远也无法实现财务自由。但让人没有想到的是，石神伟在短视频里巧妙地植入了运动鞋的软广告。粉丝们看后很心动，纷纷找他购买鞋子。于是，他凭借导购运动鞋实现了财务自由。

消费商想要把粉丝转换成消费者，就需要将视频制作成能引起消费者共鸣的内容和形式。对于消费商来说，短视频是一个能让多方诉求都达到统一的产品，它既能让自己吸纳海量粉丝，也能让粉丝们在欣赏精彩内容的同时，获得产品信息，并最终成为新的消费商。而生产商则能通过这些运作，不花一分钱就做了产品营销。

无论是消费商吸纳粉丝，还是粉丝消费投资成为新消费商，抑或是生产商免费获得宣传和营销，关键点都在短视频的内容上。

现在，我们已经知道了短视频中内容策划的重点。但仅知道这两点，还不能成为一名成功的消费商短视频达人。消费商短视频，重点还是在“商”字上面。

也就是说，消费商做短视频直播，商业营销比内容策划更加重要。只有把商业内容不着痕迹地植入到视频中去，并将粉丝成功转化成消费者，这样才能称之为一名成功的消费商短视频达人。

比起社群，短视频更加适合消费商分享产品。因为在制作视频的时候，视频中会有很大的空间和很多植入点，都非常适合产品的软广告植入。相比起社群直截了当地把产品推到群友面前，软广告产品更加舒缓，更容易让粉丝们接受。

3. 垂直细分领域中的快手和美拍

“客户的心智就是战场，要在客户的心智里为自己的产品占据一个有价值的地位。”这是定位理论创始人里斯的一句名言。这句话用到短视频消费商业模式中，可以概括为四个字：垂直细分。

消费商或者生产商一定要让你的产品和围绕产品所制作的短视频占领某一个垂直内容领域。因为只有这样，当网民们提到这个垂直内容领域时，才会马上想到你的短视频内容和产品。

对于短视频用户来说，当他们在海量的短视频中乱翻时，他们迫切希望能立刻找到自己感兴趣的板块。因此，消费商或者生产商只有将视频内容进行垂直细分，才能吸引有同类兴趣爱好的用户进去观看。

我们知道，粉丝的多少决定着消费者转化数量的多少。只要我们在某一个垂直细分领域一直保持热度，就能吸纳更多的粉丝。

那么，什么是垂直细分呢？垂直细分指的是在某一个行业，进行细分市场，并深化运营的一种商业模式。比如互联网上有很多平台，百度、腾讯、京东、天涯等等。它们的功能不同，占领的市场也不一样。

短视频平台具有很大的商业价值，腾讯、阿里巴巴、新浪等互联网巨头们都看好短视频平台，纷纷入场，而此时消费商的出现，正好可以分得一份红利。下面我们以快手和美拍为例进行详细说明。

快手垂直细分领域的视频内容多为记录和分享自己的生活和工作，在这个平台上，用户多为男性，男女用户比例为 55 ∶ 45。如果你分享的内容针对的对象是男性，那么，你就可以选择去快手上发表短视频，做一名快手达人。

如果你要分享美妆、服饰、时尚等内容，就需要另外选择平台了。毕竟对美妆感兴趣的男性用户还是少数，如果你一直在快手这个平台上进行直播，你不但吸纳不到消费者，就连粉丝都很难转化呢。

而美拍的垂直细分领域是精美的时尚内容，这个平台上的用户多为女性，她们追求时尚和美丽，因此，大量的关于化妆、瘦身、美容的内容就会出现在这个平台上。

因此，消费商一定要根据自己分享的产品和制作的内容，选择合适的短视频平台。不管是企业还是消费商，要想更长远的发展，就需要找准自己的垂直细分领域，深耕细作。只有这样，粉丝才能长久地关注你、追随你，并最终转化成你的消费者。

6.4

内容为王，目标明确的微博营销战

产品营销离不开文字和图片。音频和视频是现代科技社会的产物，在它们诞生之前的千百年中，商人都是利用文字和图片制作文案进行产品营销和宣传的。

移动互联网时代，各种交流平台如雨后春笋般冒出来，比如，论坛、博客、微博、微信、公众号，以及前文提到的社群和短视频平台等等。在这些交流平台中，微博和微信是当下的人们最常用的两种自媒体平台，平台上用户很多。除此之外，微博和微信是两款功能较全面且技术较成熟的平台，消费商利用这两个平台做营销再合适不过了。

下面我们来简单说一下微博的营销特点：

第一，发布门槛低，操作简单。一条微博，最多140个字，远比发博客容易，一次投入，后期维护成本低廉；

第二，传播速度快，覆盖面广，转发非常方便。用户可以使用手机、平板、电脑等移动媒体进行微博转发；

第三，传播形式多样化。微博营销可以同时利用文字、图片、视频等多种方式进行传播；

第四，开放性和便捷性，用户可以在微博上探讨任何话题。

近几年，在微博上进行商业营销推广的成功案例有很多。而每一次微博营销，都会收到非常惊人的效果。因此，在2016年中国泛娱乐创新峰会上，新增加了微博营销特别奖。这是对微博的强大营销能力的肯定。

那么，消费商要怎样在微博上做营销呢？

首先，做好定位。对于消费商这种新型的商业模式来说，定位非常重要。微博定位，类似于腾讯QQ社群的分类和短视频平台的垂直细分。

如果你的微博定位与产品毫不相干，那么看到你的微博内容的用户也不会关注你分享的产品。此时你的分享也就毫无意义可言了。

假设一位消费商是做玩具行业的，那么他就应该围绕目标顾客的关注点来发布相关玩具行业的信息，以此吸引目标顾客的关注。消费商一定要记住，不能“眉毛胡子一把抓”，一定要将目标客户定位精准，千万不要只考虑吸引多少顾客，而导致吸引来的都不是潜在消费群体。

在建立微博的起步阶段，很多企业的微博都陷入了这个误区当中，完全以吸引粉丝为目的，忽视了粉丝是否是目标消费群体这个重要问题。

其次，形象定位要精准。定位是消费商在微博上用文字和图片所表现出来的形象。形象定位是消费商的营销传播需要。微博用户会通过消费商发的微博内容对消费商进行分析，并给消费商设定一个形象。

消费商的形象刻画越清晰，吸纳粉丝的能力就越强大。星巴克官方微博的打理者，就把自己的微博定位成一个小资又不乏亲和力的服务员。

作为一名消费商，微博形象定位虽然和企业官方微博形象定位略有不同。但定准位后的效果是一样的。微博的用户群实在是太大了，你只有定准位，才可能抓住粉丝，并吸引潜在粉丝。有了粉丝，才能继续去谈商业营销。

消费商在微博上进行营销，如果只是定准位，还不意味着成功。这只是走出微博营销的第一步，接下来还有两步要走。消费商只有把这两个步骤都做好了，才能让粉丝群形成一定的规模，从而打通消费商业渠道。

再次，留住粉丝。在微博上，消费商想要留住粉丝不是件容易的事情。因为微博首先是一个发布文字和图片的平台，然后才是一个社交圈，只要来这里的用户，都是能写、会拍的人，他们与社群以及短视频上的网民有所不同，仅凭内容不足以吸引他们。

因此，消费商一定要适时制造热门话题，且话题设定和表达方式很重要。如果你的博文是提问性的，或是带有悬念的，引导粉丝思考与参与，那么浏览和回复的人自然就多，也容易给人留下印象。

最后，要融入互动。在微博上面，总统可以和平民点对点交谈，明星可以和粉丝们互动，微博其实就是在拉近距离。一个好的微博群，要的不仅仅是粉丝的关注度，还有消费商与粉丝，以及粉丝与粉丝之间的互动。这个过程不仅需要消费商发微博，还需要粉丝转发微博。

消费商一定要了解粉丝在关注什么，知道转发量最大的微博代表了一大部分粉丝的共同关注点。

此外，消费商还可以借助多媒体技术，从多维角度对产品进行形象描述，从而使潜在消费者更加直观地了解产品，并接受产品。

6.5

线上线下，微信分享营销术

1. 消费商与微信营销模式

对于消费商来说，微信营销也是一个不错的选择。微信营销的最大特点是上手容易，简便易行。一个人只要有一部能上网、能使用微信的智能手机，找到一个稳定可靠的供应商，就可以启动商品营销了。学生、家庭主妇和无业人员都可以做微信营销。

微信的基本功能是社交，这就决定了微商比传统电商更能精准找到用户群。微信是一个十分高效的用户沟通平台，在微信平台上，消费商可以通过公众号和消费者进行对话交流，有针对性地进行个性推荐、精准营销。

微信的营销方式多为基于熟人之间的信任关系，运用微信公众号、发朋友圈的方式进行的推广。在微信上，以经营方式和产品作为分类依据，微商可以分为微商城、微分销、微连锁、微代购等四种。

在微信上，如果一位消费者使用企业的产品后，发现该产品的价格、效果都很不错，那么，他就可以通过企业统一搭建的微信商城入口申请成为微客，微客可以分享商品链接到朋友圈、微博、QQ 空间等社交媒体上，进行基于熟人推荐方式的裂变式分销。每一件由微客销售的商品，微客均可获得一定的佣金。这种消费优质正品 + 分佣奖励的双重机制大大激发微客的分享动力。

在微信中，消费商可以利用微信进行渠道运营，消费商可以把商品分享到朋友圈，让更多的人关注它，从而拉来流量；消费商在微信上也可以进行产品运营，微信对所有 App 都开放了链接端口，在微信上，其可以完成很多产品的功能展示；消费商也可以利用微信做用户运营，因为微信的后台可以接入多客服，可以和其他的消费者进行一对一的沟通。

从这里可以看出，消费商模式也可以运用微信来进行分享消费的推广营销。

2. 微信营销要注意的问题

微信的分享营销要从内容、粉丝量和互动上着力。消费商在使用微信进行产品营销的时候，一定要注意以下的问题：

（1）探索和分析朋友圈好友的心理。消费商要尽可能多地利用微信管理平台的数据分析功能，探索和分析好友的心理。

在朋友圈进行推广营销时，消费商一定要先弄清楚微信好友喜欢什么，或自己想达到什么样的宣传目的，然后再来发布内容。在推送信息的时候，消费商要按照用户的偏好来推送有价值的内容。当然内容一定要与商品相关，并且是目标好友感兴趣的话题，最好是能够给他们带来一定帮助的话题内容。

（2）微信账号推送的内容要有分享的价值。一个微信账号推送的内容如果不具有实用、有趣、互动、分享、有价值等特点，那么用户肯定不会关注它。微信推送的文章的标题要明快直接，让阅读者马上知道这篇文章能够为人们带来哪些价值，而且，这个价值不是说说而已，而是要真的有价值。

如果消费商长期推送的内容都是有价值的，那么，这个朋友圈就能形成一个稳定的用户群体。

（3）微信软文营销一定要注意文章的标题字数。消费商在写推送文章时，一定要注意标题的写作，因为文章标题的前 13 个字会直接影响文章的打开率。为什么要注意前 13 个字呢？因为微信提醒的时候，用户只能看见 13 个字，部分手机可能更多一些。

（4）注意推送的节奏和规律。消费商每天都要更新内容，但一定要注意节奏和规律，建议每天发布两至三条内容，推送的频率过高会引起朋友圈好友的审美疲劳和反感。内容发布时间可以选择在早上 7 点、中午 11 点 30 分、晚上 5 点 30 分。

（5）与微信好友保持互动。消费商要经常与微信好友保持互动，相互点赞和评论。微信之所以强于其他社交产品，就是在它具有零距离沟通的特点。

微信公众号也能进行实时沟通，并能通过留言进行互动。消费商平时可以多发一些能引起别人评论的内容。一旦有人参加评论，那么，互动就产生了。消费商可以根据别人的评论，找到彼此感兴趣的话题，然后开始聊天。当最后彼此都熟悉了，消费商再卖东西给别人，别人也就不排斥了。

（6）发微信红包激发活跃度。消费商可以利用发微信红包的方法来提高微信群和朋友圈的活跃度，激活长期不活跃的“僵尸好友”。

（7）组织线下活动。消费商不能仅仅靠微信账号来增加好友和粉丝，还要定期搞一些线下活动，来增加微信用户和粉丝。线下活动有定期组织联谊会、交流见面会、家庭沙龙等等。

案例
微商时代，拥抱万亿级市场

微商是一个新兴的网上营销模式。从业者中，学生、家庭主妇和自由职业者三类占经营主体比例总和高达八成，主要以兼职经营为主。一些企业商家已经将微商作为主要的销售渠道。

从 2013 年开始，微商营销已初现端倪。2014 年，微商开始发展，一时间，微信群和朋友圈出现了疯狂刷屏的现象。微商经营的产品主要是一些利润较高的快消品。

2015 年和 2016 年是微商摸索前进的两年。经过这两年的发展，2017 年，微商高速迅猛发展，其发展速度一度领先于传统的电子商务。微商参与者逐步覆盖社交网络的各个领域。

如今，微商逐步走向规范化，已经形成了特有的“互联网＋零售”模式。权威机构预测，未来的商业将是微商、电商、传统零售三分天下的时代。

微商的出现带动了经济的发展，促进了大量人员就业。微商从业者有三千万的基数，这还不包括间接就业。

2013年，林瑞阳利用“TST庭秘密”这款化妆品及技术，在上海创办了上海达尔威贸易有限公司。林瑞阳采用微商运营模式，提倡零门槛、零囤货、零投资，代理们无须交押金，没有囤货压力，从而保证了市场的稳定。

目前，TST引入了消费商营销新模式，已经吸引了二百多万的微商代理，缔造了一个电商新王国。

林瑞阳认为，他旗下的TST“庭秘密”发展消费商代理，就是让很多人利用自己的朋友圈资源，“每个人都有数据，每个人都自带流量。不能行销就是消费者，可以行销就是消费商。未来消费商的去向就是分享模式、共享经济、利他原则，让碎片产生无限的生产力，创造财富。”

如今，阿里巴巴、网易等传统的电商企业竞相将电商领域成熟的线上运营管理经验带入微商领域。未来随着更多电商、品牌的涉足，微商行业的商品品质将得到更好的保障，恶意刷屏的营销方式也将得到规范。基于熟人关系的商业变现将重新建立在“真实信任”的基础上，微商行业将逐步走向规范化。

随着微商队伍的逐渐壮大，相应的法律法规也开始不断健全完善。

电商经过12年的发展，2016年12月终于迎来了《中华人民共和国电子商务法（草案）》，而微商仅仅用3年时间就将立法提上日程。

2017年1月初，微商行业规范征求意见稿公布，标志第一部微商行业法规即将诞生。微商将在法律规范下得到更加健康、更加快速的发展。

The Revolution Of Consumption

第七章 共生共荣的消费商

消费商需要与优秀、诚信的生产者建立生产消费合作关系，熟悉且使用过厂家所生产的产品，对产品的各种品质、性能有过良好的消费体验。毕竟，并不是所有商业消费都值得分享和推广。

7.1

纳什均衡，达成多方共赢的局面

消费商是一种新型的商业主体。在消费商出现之前，社会中也曾出现过传统经销商、直销商和网络电商。每一个发展阶段内出现的商业主体都是顺应了该阶段的发展特性的，同样，随着不同的商业主体的出现，也相应地会产生不同层面的商业成就。

消费商在国外有一个相似的概念——生产消费者（Prosumer）。生产消费者既是生产商又是消费者。一直以来，市场经济中只有经营者赚钱，消费者花钱，消费者想要参与商业利润的分配，是根本不可能的事。如今，随着信息技术的发展和人们消费观念的革新，消费者参与商业利润的分配已经成为一种可能。

新消费时代，消费者也可以参与到商品利润的分配中了。当消费者升级为消费商以后，消费者即消费商，就能通过销售平台与商品的生产者结盟，实现利益捆绑，从而兼具消费者与经营者的双重身份。

消费者和生产商形成的合作关系是在消费体验中产生的。也就是说，消费者在购买和使用了产品后，有着良好的消费体验，此时，他才会产生与他人分享该产品的想法。消费者与生产商签订分享消费营销契约后，就与生产企业之间成了有共同利益的盟友。

作为消费者，他需要优质的产品，需要良好的购物体验。因此，他会站在消费者立场对生产商提出更合理的品质需求和价格要求。而作为消费商，他会将自己的亲身体验和感受以及由此而产生的商业机会分享给更多的人。消费商也因此成了沟通生产者与消费者的桥梁和纽带。同时，消费商也能以消费者群体的名义深度介入厂家的生产经营活动。

在消费商模式下，商品的供应关系发生了逆转，生产营销渠道和盈利模式也发生了变化。所有的生产都会按照消费需求进行。未来的每一件产品在生产之前，生产者就应该知道它的消费群体是谁、产品标准是什么。

而生产商之间不再比拼价格、考虑成本，他们开始更多地考虑怎么较快获得消费者的需求信息以及更快更精准地实现消费者的需求。如果每一位生产者都能获得比较精准的消费需求，那么社会中就不会出现库存严重的问题了，也就不会有恶性竞争了。

此时，生产商、消费商、消费者三者之间实现了纳什均衡。所谓纳什均衡，是指在一定条件下，可以通过非零和博弈，使得参与者均获得收益，即集体利益的最大化，而非个体利益的最大化。

传统营销模式下，厂家和商家将商品出售给消费者时，只会考虑自身利益最大化，尽可能节省成本并高价售出，从而获得丰厚利润。他们并不会顾及消费者的利益。而消费商模式，是在购销利益分配的博弈中，将消费和生产进行有机结合，使得生产领域的经济活动和消费领域的经济活动能够沟通互动、融为一体，并在生产经营过程中形成一种正向的良性循环，达成多方共赢的局面。

消费商既是消费者，又是经营者。他与生产者是合作关系，是具有共同利益的结盟。

7.2

消费与生产实现无缝对接

1. 向经销商说“NO”

经销商就是负责把产品从生产厂家那里运出来，然后通过各种渠道流通到市场上去销售的单位，包括代理商、零售商，它是联系生产商和消费者的渠道。在传统的商业模式中，商品从生产到销售、从出厂到消费者手中会经过一系列的中间流通环节，其中包括批发、运输、仓储和销售。

由于商品交换在时间和空间上的分离，商品在流通过程中要发生多次交换。其中的每次交换就是一次买卖行为的发生，而每一次买卖行为的发生都会导致商品成本价格的提高。

除此之外，商品交换的每一个环节，也会产生相关的费用，如工人工资、运输经费、厂房水电费、广告推广费等。流通环节越多，发生的费用就会越多，商品的价格也会越高。而商品最后的价格仍需要消费者承担。很多时候，商品到达消费者手中时，一元钱成本的商品，价格可能会达到六七元钱。

比如，一支钢笔的出厂价是 5 元，流通到市场可能就是 13 元。有心人会问：消费者多支付的 8 元到哪里去了呢？其实，这 8 元支付给了商品流通过程中产生的中间环节，即层层的代理商、大大小小的批发商、众多的零售商，还有形形色色的广告商。而这四个部分就统称为经销商。

传统商业模式使得“中间环节”占据了太多的社会财富。长此下去，社会财富会越来越多地向中间环节集中，不利于生产和消费，从而形成一种不可持续的发展模式。因此，我们必须把社会财富向生产和消费环节集中。

尤其需要说明的是，生产厂家与市场消费者之间发生的流通环节过多，两者在时间和空间上的疏离程度就会越高。如果生产厂家与市场消费者之间不能有效连接互动，那么就会造成产品的属性、品质与消费者的喜好相偏离，以致产品上市后会滞销压库。而消费者也会因买不到合适称心的商品而苦恼。

网络电商时代，中间电商平台的出现为生产厂家与消费者之间搭建了一道桥梁，降低双方沟通交流的成本，实现了无缝对接。产购一体化的结盟，减少了很多中间环节，使得生产者与消费者之间的距离大大缩短。

由于商品流通环节的减少，商品价格中包含的流通成本也大为减少，生产者的生产和运输成本将会降低，而消费者的购买成本也会相应地降低。更重要的是，生产厂家与消费者之间能够进行零距离的沟通和交流，生产者能够在第一时间获得市场信息，从而迅速组织生产适销对路的产品。

消费商时代的来临，恰好将一切都推向了极致。消费商时代就是向经销商说“NO”的时代。消费商与传统的经销商不同。消费商不用负责具体经营项目，只需要经营和管理自己的人脉就行了。消费商只需发推荐，就可以轻松实现“财富自由”。

消费商可以利用传统方式或者移动互联网中的各种方式进行传播分享消费。在某些善于创新的消费商那里，甚至能够通过以订单消费、私人定制、按需生产等方式提供生产要求，供消费者选择，以此达到出售产品的目的。

产品售卖后，消费者在购买分享中获益，厂家扩大生产规模，获得更多利润价值。而厂家给予消费商的回报则是摒除了中间环节所产生的巨额费用，如宣传推广、销售渠道建立等，从而使生产者与消费者真正达到了双赢。

2. 消费决定生产，实现无缝对接

消费与生产原本是对立统一的关系。在传统的商业模式下，生产者常常占据主导地位，决定了商品生产的一切。厂家生产什么样的商品，消费者就只能被动购买什么样的商品。在这种情况下，消费与生

产的关系往往脱节。

随着市场经济的发展，消费者的地位和角色开始变得日益重要。那些严重偏离市场偏好和消费者需求的产品会被消费者手中的货币投票淘汰掉。

互联网时代，传统产销模式被彻底颠覆了。在新消费革命引领下，消费者的需求、喜好等决定了生产商设计制造产品的方向和标准。几乎所有的生产厂家都高度重视来自市场和消费者的声音。所有的生产者在制作产品的时候都会按照消费需求来进行。

针对一些特殊消费群体和消费者的个性化要求，市场中还出现了接单定产、按需生产、私人定制等与市场需求精准对接的生产方式。生产商在市场流通的链条中不再是总领者，消费者则成为产品生产的主导者，对生产起着决定性的作用。

消费者决定生产的商业模式中，消费者和企业或厂家直接进行交易，从而降低了沟通成本，实现无缝对接。在实际操作中，企业根据消费者的消费需求，采取订单消费的模式，先把一部分定金和所需产品的数量反馈给厂家，厂家接单后按需定制生产，生产多少就销售多少，不存在库存积压。这样的生产模式，使得厂家和企业都降低了人力、宣传和物流管理成本。

消费者预付定金，厂家的资金回笼就十分迅速。生产目标明确，节奏加快，生产周期大大缩短，经济效益就会增加。厂家回归生产本位，降低边缘成本，提升了核心竞争力。对生产厂家来说，这种先下订单的消费模式的最大亮点是提高了消费者的忠诚度，凡是投资的消费者将成为不离不弃的忠诚消费者。

同时，对于消费者来说，消费者和厂家直接交易，减少了中间环节，有效防止了假货渗入，保护了消费者基本权益。消费者身份发生了转变，成为一个合作商，创造分享获益渠道，在消费的同时还可以获取财富。

通过这种订单消费模式，消费者得到了应有的出厂价商品和销售分成，身份从消费者转变为投资者和经营者，最终又成为受益者。在这种消费获益的情况下，人们消费的意愿大大增强，从而进一步提高了市场活跃度，为生产商扩大生产、赢得更快发展提供了条件。

消费商的本质就是消费的生产者。消费商通过分享消费的方式进行营销推广，促使更多人成为消费者，鼓励产生更多的消费行为。从而使厂家的产品得以更多更快地销售出去，并促使生产商不断组织扩大生产规模。

从这个意义上讲，消费本身也就是一种生产，消费与生产是相辅相成、辩证统一的关系。

7.3

消费商是社交经济发展的结果

根据营销专家比尔·奎恩博士所说，普通人可以通过分享和推荐的消费行为创造出高于平均水平的财富。对于一个消费商来说，消费购物就能创造收入。

在电子商务时代，生产消费就是消费商创造财富的方法。消费者购买的不只有商品，还有创造财富的机会。消费商的工作就是从生产者那里购买产品和服务，然后把这些产品和服务推荐给他们所认识的人。生产者制造、储存和运输这些产品，再通过返利给消费商以回报；而消费者则通过增加产品需求来回报生产者。这是一个双赢的循环过程。

“消费商”时代，消费者在上网购物消费的同时，可以将消费转化为投资，将自我转化为消费商，学会在花钱中赚钱，在消费中获利。在这样的消费模式下，消费者继续做自己所擅长的事情：消费并分享；而生产者继续做他们所擅长的事情：生产产品。在这个过程中，每个人都赚到了钱。

消费商只是消费者多重角色释放出来的资源价值，新社交模式的出现，使得消费者在信息渠道、信息生产、自媒体价值方面都发挥着非常重要的作用，从而激发了商业模式转变和重构。

从某种意义上来说，消费商是社交经济发展的结果，也是未来重要的商业模式组成部分。作为一个生产消费者，把产品需求导向你的产品供应商，然后教其他人做同样的事情。这就意味着，消费者不必眼睁睁地看着生产者们在电子商务时代越来越富有，作为一个在线消费商，他们可以和生产者一起变得富有！

互联网电商平台为消费革命创造了方便之门。因为，这种情况在互联网出现以前是不可想象的。如今的互联网已经成为全球化经济的推动力，并且正在创造历史上任何产品都不曾创造的财富。可以说，当电子商务的效率、速度、传播力与消费商结合起来时，它们就能创造出一个革命性的商业模式。

在未来的十年中，电子商务分享推荐营销会出现爆炸性增长，普通消费者能通过分享消费获取丰厚收益。所以说，消费并不只是购买了商品，而且还购买了一次获取财富的商机。

7.4

从消费者到消费商之路

1. 消费观念的转变

在日常消费者的购物活动中，我们经常可以看到“分享消费”的影子。

比如，一位女士购买了一件质优价廉的服装后，引起周围朋友、同事们的关注。然后，这位女士主动介绍服装的价格、款式和面料，引起了人们的购买兴趣。于是，她就兴致勃勃地带着朋友和同事一起去购买。此时，这位女士就以现身说法的方式分享了自己的购物体验，并引导了更多消费行为的发生。

事实上，这就是消费商最核心的内涵：

分享消费体验，引导更多消费。只是这时的消费者仅仅是出于对朋友和同事的热心帮助而已，并没有从中赢利。因而她还不是消费商。

同样道理，消费者A从外国买了一箱面膜，朋友B借去试用了两张，觉得效果很好，于是，就让消费者A代买。作为回报，朋友B可能会多买一些，送给消费者A，让消费者A从中获得收益。此时，这位代买面膜的消费者A就引导了消费，他的行为就具备一个消费商的行为特质。慢慢地，找消费者A代购化妆品的人越来越多，于是，这位消费者A当起了代理商，一边消费一边赚取差价或中介费用。这就是最浅显的消费商实例。

每一个消费者都可以升级为消费商，这个升级的关键就在于是否有从消费中赚钱的想法，并且能够从消费行为中获取实际利益。

因此，从普通消费者走向消费商的第一步就是要转变消费观念，不再把消费简单看作花钱购买商品的过程，而是应该具有经营者的自觉意识和新消费观，把消费行为看作获取利润的来源。

在分享经济时代，人们不愿再做商家的免费推广者。很多商家也意识到了这点，于是，开始返利给消费者。消费者也不再拘泥于传统的消费模式之中，而是主动参与到商业利润的分配中，边消费边赚钱。

我们几乎每天都会使用香皂、牙膏、洗发水、沐浴露等日用品。我们先把这些日常消费品看成是单独的消费管道来算一笔细账：

我们现在打个比方，按一个月仅使用一件来计算个人消费：洗洁精3元一瓶，一年12个月就会花费36元；洗衣粉5元一袋，一年就花费60元；沐浴露10元一瓶，一年就花费120元；洗发水25元一瓶，一年就花费300元；牙膏7元一管，一年就花费84元；预防疾病和健身每月花费 300 元，一年就花费 3600 元；用于皮肤护理美容方面每月 200 元，一年就花费 2400 元。这样一个家庭的年开支为 6600 元。

如果消费者现在是 30 岁，按照国人平均年龄 76 岁来算，也就意味着在未来的 46 年当中，就要支出 30 万元以上。可见，我们的日常消费其实也是一笔很大的开支，但我们也应该知道，日常消费背后其实也隐藏着的巨大财富。如果我们将这些个人的单独消费管道连接起来，就会形成一个庞大的消费管道。对消费商来讲，其中蕴藏的财富机会不言而喻。

如此大的财富，必将产生一种新的商业模式，就是消费商模式。可以预见，在不久的将来，在消费商的新型模式下，必将会出现一大批移动互联网造就的富翁。

2. 学会分享

消费商模式可以将消费转化为投资，将消费者转化为消费商，其中最重要的是学会分享消费。消费者要在实际的分享消费过程中逐步学习和体会分享消费的实质，逐渐具备消费商的经营眼光和操作能力。

消费商需要与优秀、诚信的生产者建立生产消费的合作关系，熟悉且使用过厂家所生产的产品，对产品的各种品质性能有过良好的消费体验。毕竟，并不是所有商业消费都值得分享和推广。

真正值得分享的消费体验必须是真实的，所分享的商品必须品质优良，能够带给消费者美好的消费体验。否则分享消费不可能取得良好效益，并且是不可持续的。

一个合格的消费商必须做到讲信用和有责任感，为分享消费的受众提供优质的产品和服务。在这方面，消费商眼光越挑剔、要求越严格越好。

消费商既充当消费者又充当经营者，消费商与经营者互为中介。消费商最主要的能力是做渠道资源和人脉资源的开拓者和整合者，能够找到更多优质的消费渠道，找到更多潜在的消费者。

随着移动互联网的发展，以及微商、消费商、社群的出现，消费者可以通过这些渠道和平台获得有效的购物指引。因此，消费商必须熟悉并善于使用各种新媒体，通过互联网平台把潜在的消费者组织起来。

消费商通过改变其他消费者的购物观念和购物习惯，组织消费者群体进行消费，“生产”出同自己有关的消费者，从而建立起属于自己的传播系统，使消费者从分散走向联盟，彼此具有高度的信任度和黏连度。

除此之外，消费商还可以建立一个消费商联盟和一个自用消费型组织，使消费者定向流动至电商平台或生产商那里，形成一个由终端消费者组成的商品流通渠道。

这样，消费商就得以参与流通领域的销售利润分配。而在这个系统中，每一位消费者都可能成为下一个消费商，进行新一轮的消费引导，从而达到互利共赢。

当消费者因为消费商的引导而进行了产品的购买，而且因为消费商的引导，产品的销售量不断攀升，此时，生产商就会通过科学合理的奖励制度返利给消费商。如果维持住一定的消费量，生产商会将销售红利定期支付给消费商。这样，消费商分享获利的创业之梦就实现了。

从目前的经济发展状况来看，消费商模式将渗透到各行各业中，从而推动经济发展、消费升级，甚至影响社会就业人群以及相关行业的转型。

案例
消费养老模式

中国的消费养老模式

消费养老模式是消费资本论的一次实际运用，它实际上是消费者在进行日常消费活动后，商家以现金、实物或积分的形式实行返利。消费者可以将商家的返利通过相关机构转换成个人的养老金权益，从而实现在日常消费中零成本轻松地积累自己的养老金。

在具体运作中，消费者在发生消费行为后，由让利机构以积分等形式返点让利。经过消费者同意后，将消费积分转换为养老金权益，并依法委托中国老龄事业发展基金会（简称“老基会”），约定在年满 60 岁后支取的合格养老金计划。

这种由政府主导、专家指导、市场化运作，将消费与养老进行有机结合的经营模式给消费者带来了切实的利益，也给社会带来了巨大的公益效应。

消费养老不是通过减少当前消费而为将来积累养老金，而是先消费后养老，解决了当前消费和未来养老之间的矛盾，既拉动了消费，又促进了养老的积累。目前这种新型养老保险模式得到了各省市的积极推广。

其中，重庆的消费养老模式得到了社会各界的高度认可。重庆居民只要到签约的超市、商场、餐厅消费，几分钟后，居民个人在重庆市人保公司的养老金账户上便增加了几块钱。

同时，还有一些企业在消费养老方面进行了尝试。如浙江积分宝控股有限公司旗下的积分宝消费养老产业服务平台，以消费养老为入口，以大数据为基础建立消费养老生态系统。

消费者通过积分宝消费养老卡到定点商家消费，享受优惠价格的同时还额外得到养老积分，然后把所有积分通过专业的保险公司变成消费者个人养老金，并且不断保值增值。到了退休时，消费者就能得到一笔可观的养老金。

西班牙的消费养老模式

西班牙一家公司也提出了“消费换养老”的营销新模式。发明这种“消费换养老”模式的是PENSUMO公司创始人何塞·路易斯。

何塞认为，这是一种将消费与养老相结合的创新模式，是一个长期的、激励式的，通过每日消费来积累养老金的过程，既能促进消费，又能缓解社会养老基金资金来源紧张的困境。

“消费换养老”模式的实际操作过程十分简单。消费者在手机上下载 PENSUMO 的软件，当他到商家去消费的时候，只要扫描一下消费小票，即有相当于 1% 消费金额的资金进入自己的养老保险账户。资金来源可以是商家的返利，也可以是政府机构对参与节能、环保、社会创新、安全保卫及各种文化活动的货币奖励等。除此之外，保险公司也会为“消费换养老”项目提供担保。

显然，这个“消费换养老”项目具有很大的可行性。首先，它对很多大型连锁企业来说具有较大的吸引力，因为它可以吸引更多潜在的消费者成为自己的忠实客户；其次，对消费者来说，他们一生都可以享有商家提供的优惠，同时养老金也有更多积累；最后，对政府来讲，这种模式也非常有助于社会养老事业的发展。

据西班牙《拓展报》报道，该项目是养老保险的一场革命，先后获得了“马德里欧洲大学”2014 年颁发的青年科技创新奖和 2014 年西班牙 IE 商学院未来商业布局最佳创意奖。

The Revolution Of Consumption

第八章 分享消费是消费商的孵化器

如果消费商自身的消费行为可以算作是一种准投资，那么，他们的分享推广则是具体参与了经营过程，在互联网平台上付出了实实在在的劳动。所以，消费商的红利其实是对他们分享消费这种经营活动的一种回报。

8.1

不要先赢要共赢

分享消费是消费商的孵化器。那么，什么是分享消费呢？它的实质是什么？

从生产者这方面来看，由于市场竞争激烈，产品供过于求、产能过剩，生产者销售产品十分困难；从消费者一方来看，商业信息十分庞杂，泥沙俱下，消费者面对海量产品信息无从选择。在生产者和消费者双方都感到困窘的态势下，分享消费产生了。

分享消费就是通过消费者分享自身消费体验的行为，把优质商品或服务与具有相应需求的消费者相匹配，从而提高商品流通效率，创造社会价值，提高经济效益。

从这个过程中，我们可以得出一个结论：分享消费体现的是一种生产商与消费者共赢的理念，尤其是突出了消费者主权的价值意义。市场经济发展越充分，消费者的角色和地位就越重要。

“消费者主权”是消费者分享自己消费体验的驱动力。由于消费的主动权始终掌握在消费者手中，消费者对喜爱的商品投下货币选票后，就表达了自己的消费意愿和个人偏好。因此，在消费者完成“货币投票”后，基于用户体验和个性偏好，也就有了分享消费的意愿和动力。

因此可以说，分享消费事实上是消费者的第二次投票。消费者第二次投票的意义更加重要，所产生的经济效益也更大。因此，分享消费非但不损害生产者利益，反而是实现生产者权益最重要、最快速的途径。通过分享，消费者和生产者实现了共赢。

同时，分享消费属于平台经济。不同于过去只有“卖方”“买方”构成的传统市场营销，平台经济必须具有源源不断的新进潜在客户群体，必须具有持续的外向延展性。

比如，在一个分享消费的微信群里，参与的人数越多，参与者连通性越强，所产生的经济效应越显著。人数过少则意义不大，无法从交易中实现经济效益最大化。

因此，分享消费的一个重要条件就是必须形成“外部延展性”。正是这种“外部延展性”，使得分享消费成了一个持续不断、实现多方共赢的动力传递链条。由于用户体验是互联网的第一价值，因此分享消费的实质是以消费者体验为中心展开的。

从消费者自身的成长历程来看，分享是人生体验过程中必然经历的环节。首先，通过分享，消费者可以交到朋友，体验到快乐。当消费者体验到了来自各方面的快乐的时候，他们就会自动把这种体验传授给别人，这是分享消费最初的动因。

其次，通过分享，消费者获得了利润，并与生产商和商家实现了利益捆绑。在大部分人的观念里，消费者永远是花钱的一方，花出去的钱也有去无回，赚钱的只能是商家和厂家。

消费可以赚钱的理念，是建立在分享消费这一行为基础之上的。没有了分享消费就是纯消费行为，是不能赚钱的。有了分享消费后，消费者的身份就发生了转变，他们变成生产消费者也就是消费商，因而可以从因分享消费而增多的消费行为中获取经济利益。所以，在分享消费时代，消费者主权已经有了新的内容。

分享消费是当前社会发展的一种趋势。它充分利用了社会的认知盈余，有效地刺激了市场消费，促进了商品流通，成为拉动经济增长的有效方式。这是“互联网 +”带给我们的机遇。

过去，一个人如果没有货源和资金，没有人力和经验，根本无法创业。今天，消费者只需一部手机，一个微信，通过这种有经济回报的分享消费的方式，就能成为将生意做到全世界的消费商。

8.2

商品销售折扣与积分的实质

折扣和积分是时下的商家最常使用的两种营销方式。商品打折销售实际上是一种让利方式，通过不同的折扣形式以压缩利润空间来实现薄利多销。而积分则是采用会员制方式锁定消费群体，年终或到一定期限时，根据积分多少实行返利，从而达到商品促销的目的。

事实上，这种折扣和让利仍是消费过程中产生的价值。

如果一个消费者购买一件商品需要花费500元，但该商品的出厂成本只有200元，那么这之间的差价就是300元，其中商家销售成本是100元，那么，剩下200元就是纯利润，而这200元也就是商家与消费者进行价格博弈的利润空间。

商家为了促销，常常进行打折促销活动，而其中的折扣部分其实也就是在200元的利润空间中进行的。所谓的会员积分返利，返回的那一部分利润其实也存在于上面所说的200元利润空间中。

不管是打折促销还是会员积分返利，只要销售交易能够顺利完成，那么，这部分被出让的利润就是消费过程中产生的价值，它促进和加快了双方交易的完成，对成功进行购销活动起到了催化的作用。

这就是商业促销中价格折扣和积分返利的真相。而这部分被出让的利润，其实也正是消费商分享消费后赢取利润的来源。只是它形成的机制、分配形式与传统打折和积分制有所不同罢了。

值得指出的是，打折和积分并没有让消费者真正赢利，只是得到自己原先应付价格的一部分返利罢了。而消费商通过互联网电商平台向更多的潜在消费者分享商品后，互联网传播的速度、广度和效率就会让这部分利润成倍增长。这个产生倍增效应的利润就是在分享推广过程中产生的总销售利润分成。它的本质不单纯是一个厂家或商家对消费者的返利，还是附加了销售过程中所自然产生的、新的有效价值。其实质是一种合伙经营者之间的利润分成。

这个价值由消费商完成自身消费和分享推广后，在其他消费者后续的消费行为中产生。消费商是以合伙营销人的身份参与了这部分销售利润的分成。从这一点上看，消费商与生产商是共生共荣的合作关系。

消费商通过互联网平台进行电商交易，去掉了所有中间销售环节，把众多消费者联系在一起，并以消费者为导向形成有序的利润倍增分配制度，从而让消费商在花钱中赚钱，在消费中获利。所以，打折和积分返利让消费者只能花钱不可能赚钱，而消费商的分享消费则能获得更多的财富。

8.3

消费商的红利来源

消费商的红利到底是从哪里来的呢？消费商完成一次消费行为，然后再通过互联网平台将自己的消费行为分享推广出去，此时，他就会获得红利收益，有时，他的红利收益甚至会远远超过当初他的消费金额。

由于消费商购买了产品，消费商的消费就应该看作是对企业生产的投资。这个投资进入企业生产经营过程中后，就会转化为资本，并不断形成新的利润。那么企业或商家当然应对消费商有所回报。这个回报就是消费商所获红利的来源之一。

不过，这个回报难以解释他后来分享消费行为所付出的劳动。事实上，消费商所获红利的来源是十分复杂的，远不止是消费商当初对厂家的消费投资。尽管他的自身消费也是一种投资，但那仅仅是普通消费者所能做到的非常有限的“投资”。

消费商的红利更多的是来自他的分享推广。而获得红利的多与少取决于消费商在分享推广后所产生的实际效果：有多少人真正关注到了他的分享，又有多少人看过后产生了购买意愿并付诸行动。这才是红利形成的决定性因素。

消费商分享消费所产生的影响力越大，后续消费行为就会发生越多，产品销量就越大。消费商所获得的红利自然也就越丰厚。

那么，消费商分享消费是什么性质的行为呢？消费商分享商品信息和消费体验，实质就是对产品进行广告宣传。因此，我们说消费商的红利来自生产厂家或商家的宣传推广费用也不算错。但是还不够准确，生产厂家或商家的宣传推广费用计入了产品成本，并且一般是相对固定的，而消费商的红利应当是根据实际产品销量来决定的，是一个动态的数值。所以，消费商的红利实质上来源于对销售利润的分成。

如果消费商自身的消费行为可以算作是一种准投资，那么，他们的分享推广则是具体参与了经营过程，在互联网平台上付出了实实在在的劳动。所以，消费商的“红利”其实是对他分享消费这种经营活动的一种回报。这种回报的多少取决于两个重要因素：一个是平台的流量，一个是分享推广后实际产生的消费行为。因此，这样的回报既不是当初通过消费投资的股息红利，也不是一种变相支付的宣传广告费用，而是消费商作为合作经营者对销售利润的再分配。

8.4

分享消费的社交化和生活化

1. 分享消费应该是社交化的

未来市场经济的竞争，不再是产品和渠道的竞争，而是资源整合的竞争，是终端消费者的竞争。谁能够拥有强大的客户资源、持有消费者用户的大数据库，谁就能在激烈的市场竞争中立于不败之地。

随着移动互联网技术的发展，未来的商业模式将是全新的O2O模式：线下体验，线上购买，厂家亲自发货给顾客，然后由消费者将好的产品直接介绍给消费者，厂家直接给顾客广告宣传费用和销售利润提成。

消费商如果能有一个聚合力很高的消费者群体，直接持有消费者资源，能够做好同生产商与消费者的连接，就能够与生产企业置换消费者资源，实现赢利。

如果一个消费商手上持有10万个消费者粉丝，那么，他就可以在消费者粉丝群中卖手机、汽车、保险、化妆品……只要有消费者粉丝，消费商卖什么都可以。

当消费商有一个消费者粉丝群的时候，他要做的事情就是把消费者与生产企业连接起来，然后让消费者在购买产品中体会到实惠，让企业在销售中获得收益。消费商与生产企业合作的创业模式，与金钱投资、专业技术、社会关系背景都没有关系，它直接取决于消费者自己接受新事物程度的高低以及消费商的个人魅力及影响力的大小。

消费商在分享消费中一头连着新型电商平台上的商品，一头连着消费者粉丝。要让分享消费最终被消费者粉丝们接受，消费商要做的是让这种分享变成一种互联网上的跨界社交。

社交电商平台促进了社交电商的发展，如今已被更多的企业所接受。移动互联网时代的社交已成为现代商业世界的主流。消费商与其他潜在消费者的每一次互动都是重要的分享推广营销。

社交电商平台将“真实晒单”与“好友关系链”结合在一起。消费商在好友关系链中既可以看到微信好友的购物晒单、评价及拼购信息，又可以因喜欢某件商品而关注新的好友，对好友的购物圈动态进行点赞和评论。

社交电商平台帮助消费商获得了更多社交流量曝光，实现拉粉；而大数据营销的“内容精准化”与“推广即时化”能让用户接触到“想看到”的营销信息，于是用户购物的分享意愿和互动行为明显增强，消费商与粉丝之间的交互变得更加频繁。消费者粉丝不仅贡献着价值，还贡献着口碑、信任、热情，以此在社交网络上去影响身边更多的人。

以社交平台为代表的新媒体，让消费商营销进入了一个黄金时代。它们提供的不仅仅是一个平台，而且是一种全新的营销理念和展现方式。

最近研究表明，社交媒体给购买决策带来了重大影响。社交媒体对中国消费者购买决策的影响比其他国家都大，尤其在商品发现方面。为了解其他消费者分享的经验，在社交媒体上研究品牌的中国消费者人数是美国消费者人数的两倍。

如今，许多品牌商已经将社交媒体作为其零售模式的一个关键要素。腾讯已与京东合作，在其广受欢迎的微信手机应用中将京东默认为线上零售商。它们的结合，更加证明了分享消费的社交化发展之路。

2. 分享消费应该是生活化的

消费商的分享消费应该是生活化的，下面，我们以一个例子来说明一下消费商分享消费的生活化。

晚饭的时候，A 准备带着一家人去外面吃饭，于是，他拿出手机，打开软件，点击“附近餐厅”。他看完软件上的餐厅介绍后，对比挑选了一家评价好的餐厅。然后，A 又在手机上领取了一张会员卡，定好座位，等吃饭的时间到了就点击导航，开车直接去该餐厅吃饭。

吃饭的时候，消费商 A 觉得有几个菜比较好吃，而且卖相也不错，于是，他就拍了几张照片放到了微博和朋友圈里，与朋友分享。下次

A 再来吃饭或者有朋友想来吃饭的时候，A 或者其朋友就可以凭着图片的分享，享受优惠。此时，商家还有可能给 A 返利。

吃完饭，A 去商场购物，他看到了一款产品，然后在网上搜这款产品，搜到产品后，在几家店铺间进行了比价，最后，选定了一个店铺并把这款产品放进了网络购物车中。

逛完商场后，A 在手机上点击送货时间和送货地址，直接付款。A 不用拎东西，也不用排队，只需回家等待收货就行了。A 使用了商品后，如果他觉得这件商品还不错，可以通过电商平台或自媒体晒个评价，用时兴的网络语言谈下消费感受。当然，这也是有收益的。

上面描绘的场景在中国的很多城市里已经出现了。互联网时代下，一切经济活动都将以消费者为核心，消费商将成为引领消费升级的弄潮儿。作为一个有眼光和能力的消费者，他可以将自己身边的消费者组织起来，带领大家一起与生产商共享财富分配。

竞争消费者的过程，其实也是一个使消费者从分散走向联盟的过程，更是拥有和锁定消费者的过程。

口碑传播对消费者最具影响力。这是因为口碑传播的发出者本身也是消费者，他们向周围熟识的人介绍、推荐、评论商品时，一般不含利益关系和商业意图，他们的意见比较客观、可靠，值得信赖。

消费商是商品信息的中介传播者和市场舆论的引导者，在信息传播中占有特别重要的位置。消费商必须能够迅速接受新事物，关心消费时尚、流行趋势的变化，常常参与商品有关的话题讨论，并通过阅读、观察及收看电视等方式获取商品信息，使自身在传播中享有话语权并占据指导地位，从而获得其他消费者的信赖。

消费商应该爱好交际，喜欢各种文体活动，接触面广，从而有较多的机会传播自己的产品。生活中，他们应该紧追潮流，不断适应消费时尚的变化，对市场流行趋势及时做出判断。消费商的消费行为一定要引起别人的注意和赞赏，并对其他消费者具有较强的感染力。

8.5

分享经济加速商业的发展和升级

随着加入电商行业的企业不断增多，传统电商竞争加剧，开店、运营、物流、推广等多项费用，使得电商发展的优势不再，电商红利期悄然逝去。而技术和互联网思维不断革新，中国电子商务也在不断更迭，多种商业模式应时而生。

这其中以分享经济最受人们关注。这里所说的分享经济不是指消费商的分享消费，而是指广义的分享经济，即将社会海量分散闲置资源通过平台化、协同化地集聚、复用与供需匹配，从而实现经济与社会价值创新的新形态。通俗来讲，分享经济就是公众将闲置资源通过社会化平台与他人分享，进而获得收入的经济现象。

分享经济凭借多方互利互惠、适应性强等诸多优势，迅速成为电子商务的新宠。分享经济的核心是以闲置资源换取经济收益。

早在 1978 年，美国社会学家菲尔逊就提出了分享经济的概念。但直到近年来，分享经济才从概念变成现实。到如今，分享经济已经成为时下最大的“风口”。从摩拜、ofo 单车到共享汽车、共享雨伞，人们真真切切地感到，分享经济已经走进了人们的生活。有报告显示，中国参与分享经济活动总人数目前已经超过 5 亿人。

这种建立在资源共享基础上的崭新模式，运用技术力量实现了资源的优化配置，减少了能源消耗，社会协同合作更有效率，大众创业门槛更低，使得更多的人参与到创业创新活动中来，从而为“大众创业，万众创新”注入新活力。

2015 年，以滴滴出行、优步（Uber）、Airbnb、回家吃饭等为代表的新兴商业模式，改变了传统产业格局，推动开创了互联网经济的新业态。到 2017 年，人们见证了分享经济这一新生经济业态在全球范围内的发展壮大，各种共享模式层出不穷。

无论你接不接受分享经济，它都已经深入到人们的日常生活中了。可以说，哪里有市场和消费者，哪里就有分享的空间。

众筹是在分享消费者的货币资源；出行、住房等领域的分时租赁模式分享的是消费者的实物资源；而企业对当年用超高价格购买商品的消费者进行回馈，则属于对消费者剩余价值的分享形式。今后将会有更多资本附加到实体经济的转型升级当中。

分享经济得到国家层面政策支持，资本开始密集布局。BAT（百度、阿里巴巴、腾讯）等互联网大佬开始在分享经济领域发力，如腾讯投资滴滴、百度结盟 Uber、阿里支持口碑网推出“全民开店”共享服务等。国内其他几家较早介入共享经济的企业，如猪八戒网、途家、住百家等，也先后拿到了大量投资。

日前，分享经济已经覆盖了生活服务、生产能力、交通出行、知识技能、房屋住宿、医疗分享、资金分享等领域。

有关数据显示，2016 年，我国分享经济市场交易额约为 34520 亿元，比上年增长 103%；融资规模约 1710 亿元，同比增长 130%；参与分享经济活动的人数超过 6 亿人，比上年增加 1 亿人左右；参与提供服务者人数约为 6000 万人，比上年增加了 1000 万人。除了体量与规模的领先，我国分享经济渗透的领域之广，也超过了世界上绝大多数国家。

根据有关专家分析，2020 年，中国分享经济规模会占到 GDP 比重的 10%，2025 年预计达到 20%。未来十年，我国分享经济领域有望出现 5 ~ 10 家超级规模的大企业。

我国发展分享经济的优势在于当前经济转型发展的强大需求。分享经济是解决交易成本高、资源效率低、产品不对路、服务水平差等供给侧问题的重要突破口。2016 年，我国网民人数为 7.31 亿人，其中手机上网人数 6.95 亿人，众多分享领域都可轻松在全球排名中拔得头筹。

中国互联网领先企业的成长路径为初步实施分享经济的企业提供

了经验和信心。广阔的中国市场不仅是国内企业创新发展的沃土，也为全球分享经济发展注入了能量和活力。

分享经济在全球范围内的快速发展，深刻改变了人们的生产生活方式、消费理念和就业模式，已成为不可阻挡的时代发展趋势。目前，世界主要发达国家都在积极引导和支持分享经济的发展。

案例
分享经济形态下的新商业模式

分享加模式：买家和商家共享应得的剩余价值

在分享加共享平台消费购物，消费者能够享受红包补贴的优惠。

分享加（北京）电子商务有限公司构建的分享加共享平台——分享加购物商城，是以大数据、云计算、物联网应用为主导，以新技术、新业态、新模式推动传统产业生产升级，集 B2C、C2M、O2O、分享结算模式于一体的创新型电子商务平台。

分享加共享平台通过减少中间流通环节，降低消费者消费成本，打通线上线下购买渠道，以实现平台、生产厂商、消费者长期稳定的良性循环的平价购物平台，使用户在平台上购物、厂商在平台上销售产品时，都能参与红包补贴的创新型电商平台。

简而言之，分享加平台就是以“让买家和商家共享应得的剩余价值”理念来进行运作的，也就是说，消费者在平台上购物的钱，平台通过红包的形式返给消费者。从而给消费者以实惠，让消费者能消费、敢消费、愿消费，打破了传统的以商家为唯一利润赚取方的资源分配方式，实现了商家和消费者的双方共赢。

值得强调的是，分享加模式实行五级运营管理体系——省、市、县、乡镇、村的立体纵深网络体系，将有效实现全国覆盖、深入村镇的立体网络布局。可以说，分享加与企业和消费者的合作，是建立在信任基础上的命运联合体。

在消费者主权时代，中国产业链正在形成从消费者需求到生产者的逆袭。这种变化让每个企业个体都无法单独面对。对于企业来说，它们需要一个共同的平台实现消费者和厂商的资源、数据整合，从而把握新的商业时代的发展契机，实现跨越式发展。

消费者通过分享就成了消费商，本来用来消费的钱却变成了投资。可以说，分享加电商平台运营模式是对新时代“消费关系”和“消费模式”的解读和实践。

分享经济的新“网红”：ofo 小黄车

2014 年，戴威与 4 名年轻大学生提出“以共享经济 + 智能硬件，解决最后一公里出行问题”的理念，创立了经营 ofo 共享单车的新型互联网科技公司，成为国内首家以平台共享方式运营校园自行车业务的创新型企业。

刚刚毕业时，有同学问戴威："如果创业和考公务员让你选，你选哪个？"戴威想也不想地回答："创业。"第一次创业时，戴威从骑行旅游的角度出发，但以失败告终。由此，戴威认识到创业需要抓住用户"痛点"。

在北大就读的四年里，戴威丢了五次自行车。所以，他萌生出一个想法，能否让所有同学来共享单车，这样或许就能解决丢车的问题了。不过，几乎没人看好他的创意，他的创意在运作过程中也多次濒临"流产"。但他还是坚持去做，不仅拿出15万元个人积蓄来创立公司，还前后向投资人借了600万元。为了采购新车扩大市场，戴威等人靠着借来的600万元勉强度过了2015年。

直到2016年1月30日，戴威与知名投资人金沙江基金合伙人朱啸虎见面后，才搭上了资本"快车道"。戴威和ofo联合创始人张巳丁感叹，从来没有见过这么多钱。他俩有点晕乎乎的。

与传统租车模式不同，ofo希望连接起所有的车，让空闲资源充分利用起来。戴威的想法是："我们通过将每一辆单车装上车牌以及共享硬件的方式，就可以在校园里实现随取随用，不用寻找固定的停车桩。"

与此同时，ofo号召北大师生将自己的单车转让给ofo，即签订"ofo共享单车"协议，以换取所有共享单车的免费使用权。ofo把这些单车全部涂刷成黄色以易于辨认。由于该项目受到了师生们的关注和认可，ofo的订单数也在与日俱增。

在此后的4个月里，ofo相继完成4轮融资。2017年3月1日，戴威创立的单车平台ofo宣布完成D轮4.5亿美元（约合人民币31

亿元）融资。

截至 2017 年 4 月，ofo 已进行了 8 轮融资，众多投资机构主动找上门来。ofo 还需要从中进行挑选，目前融资金额已超过 44 亿，巨额资金的涌入甚至让 ofo“差点撑死”。这与创业初期形成鲜明对比。据媒体报道，拥有 ofo 约 36% 股份的戴威或已坐拥数亿身家。

作为共享单车的原创者和领骑者，ofo 小黄车不仅首创了无桩共享单车模式，同时还开创了一个蜚声全球的创新时代，与高铁、支付宝、网购并称为中国“新四大发明”。

在“2017 共享经济改变中国高峰论坛”上，中国信息通信研究院和北大光华 ofo 小黄车共享经济研究中心联合发布了首份《共享单

▲ ofo 小黄车

车行业发展指数报告》。报告显示，共享单车在这一年内渗透率指数呈爆发式增长，不仅改变了国人出行的方式，也成为传统自行车产业转型升级的助推者和共享经济时代中国企业的创新者、引领者。

自 2016 年下半年开始，从北上广一线城市再到二三线甚至四线城市，大街小巷里都能看到共享单车的身影。被称为“国民单车”的 ofo 小黄车成为市民出行的主要选择之一。

目前，国内共享单车投放量累计突破 2000 万辆，其中 ofo 小黄车投放 1000 万辆，排名第一。

同时，共享单车企业立足全球，在海外市场持续发力。共享单车投放量增长持续强劲，这也是我国互联网行业首个在国内市场尚未饱和即着手布局国际业务的领域。目前 ofo 小黄车已经进入 20 个国家，超过 250 个城市。

The *Revolution* Of *Consumption*

第九章 新型电商平台上的商品链接

消费商模式下的经济增长方式会引起社会财富的激增或倍增，这就类似于经济学的乘数效应。每一个人在商品和劳务上增加一项开支时，都有可能在全社会引起连锁反应，最终令新创造的财富有更多的增长。

9.1

传统直销模式为什么失败

什么是直销？我们先看看官方的定义。第443号国务院令公布的《直销管理条例》首次明确定义："直销是指直销企业招募直销员，由直销员在固定营业场所之外直接向最终消费者推销产品的经销方式。"

通俗来讲，凡是不经过批发环节而直接零售给消费者的销售形式，都叫直销。其营销方式包括，通过电视购物节目进行销售、以邮购方式销售、运用自动供货机销售、通过目录进行销售、登门销售等等。

由于直销商直接面对客户，不需要囤货，

因此他们不用考虑仓库的问题，不需要经销商，这也就杜绝了呆账、坏账事情的发生。没有了经销商和相应的库存带来的额外成本，产品的销售价格就可以比其他店铺销售的同类产品低，销量也就更有保障。

由于直销商直接面对消费者进行销售，因此，他们更能培养出相对稳定的消费者群体。直销商进行直销，还可以有效地缩短商品的流通时间，加快资本运作效率。

20 世纪 90 年代，一些直销企业因其种种行销优势迅速占领市场，品牌效应曾风行一时。美容个护品牌雅芳（Avon）是 1990 年进入中国的美国品牌，它也是第一个在中国拿直销牌照的外国企业。当时，其凭借着比较先进的直销模式迅速占领市场。到 1997 年，雅芳招聘的直销人员一度达到 35 万，雅芳中国营业收入超过 10 亿元。

然而，雅芳的发展势头没能延续，2012 年以后就连续四年处于亏损状态。据雅芳发布的 2016 年第四季度以及全年的财务报告，2016 年全年雅芳营收下降 7%，每股亏损从 2.60 美元下降至 0.29 美元。目前，雅芳中国专卖店只有 600 余家，北上广深仅有 26 家，其余均位于二三四线城市。

可见，随着电子商务的发展和各种新兴品牌的崛起，雅芳模式已渐入末路，风光不再。甚至有媒体报道称，雅芳已不再是年轻人认可的护肤品牌了，多个地区的品牌公关已相继离职，曾经招牌式的直销模式也已黯然无光；昔日多达 35 万的直销人员如今也风流云散、不见影迹。无论是在国际市场还是在中国市场，这个有百年历史的化妆品直销企业已日渐芳华不再，步入衰退。

再以全球直销业的龙头安利为例。安利进入中国已有 20 年，最辉煌时的业绩曾一路攀升至几百亿。作为全球规模最大、经营最成功的直销公司，安利已经成为公众心目中直销的代名词。但是，随着“互联网 +”时代的到来，安利也面临着严峻挑战。

2014 年，安利的营收已较 2013 年同期下滑了 6 亿元，至 287 亿元。2016 年，安利总收入为 88 亿美元，相较于 2015 年的 95 亿美元下降了 7%。这已是安利第三年业绩持续下滑。

与之形成鲜明对比的是，2014 年中国电子商务市场交易规模达 13.4 万亿元，同比增长 31.4%。其中，单是阿里巴巴在“双十一”这一天的成交额就达到 571 亿元，已超过安利、完美、无限极三家直销巨头全年在中国的总销售额。

中国各大直销品牌的业绩纷纷下跌。这一情况被外界视为中国直销业动向的风向标，也被视为直销企业在电商冲击下不得不面临转型的一个信号。在互联网的汪洋大海里，整个销售环境已经发生了变化，直销的优势已被互联网取代了。

在口碑方面，线上的口碑传播要比线下的口碑传播更强大、更方便。所谓的线下优势在如今这个互联网时代已经烟消云散了。在传播方面，现在的年轻人可以顺手在 Facebook、Instagram、微信朋友圈为陌生人点赞，但他们很可能没有时间去参加朋友的聚会。因此，这就使直销丧失了发展熟人推介的见面场景。

由于业绩压力大，很多直销人员要大量囤货，并消费本身并不需要的商品，从而产生不理性的消费行为。由于层级多，直销模式实际上还是相当于传统的商品流通模式，并没有降低商品的价格，对于最终消费者来说，他们仍需要承担超过产品本身的价格。这一切都直接或间接地导致直销模式日渐衰败。

总之，“互联网+商业营销”的新模式已经深刻改变了传统的商业营销模式，一切都在破局和改组，一切都在重新生成。

9.2

商品链接功能提升了买卖双方的黏合度

在这场由“互联网+”引领的新消费革命中，产购一体化的结盟催生了一个新角色的诞生，那就是在厂家与消费者之间建立起的链接平台。

链接平台将生产厂家与消费者连接在一起，彻底粉碎了地域的限制，使市场通道畅通无阻。在链接平台上，生产者和经营者可以充分发挥网络的优势，足不出户就把生意做到全国，乃至全世界。

新型电商平台的商品链接功能是传统商

业销售时代所没有的。生产者、经营者、消费者都不用到拥挤的市场上去，只需轻触鼠标，就可以完成商品卖和买的交易。购销双方通过第三方支付系统完成线上支付，一系列严密的数字认证功能可以充分保证交易的真实性和安全性。在链接平台上，消费者支付完成，生产者或经营者即发货。

电商平台的这种商品链接功能首先是面向商家与消费者的，双方通过这个链接功能完成商品的买与卖。链接功能使得现实生活中的商品可以在网络上售卖，消费者不用去挤商场，可以在网络商城里搜索和挑选自己想要的商品。

与此同时，网上支付取代了收银台前的现金交易。现实生活中，穿梭于大街小巷的快递小哥使得网络上的买卖双方产生了具体的联系，他们完成了虚拟世界里商品交易的最后一道程序。

从根本上来讲，电商平台商品链接的两头依然是生产者和消费者，双方关系依然是具有不同立场和利益的卖方与买方，双方仍然具有一定的对立性。可见，现实生活中的买卖关系在网络世界里依然没有变化：双方的利益没有多少交集，立场没有什么重合，商品的质量、价格依然是双方争议的焦点。

但是，电商平台链接存在的意义不只是满足了生产者或者经营者与消费者之间的买卖行为的发生。消费商的出现，赋予了电商平台链接更加多样化和复杂化的功能。

当消费商在网上进行商品交易时，他只是以普通消费者的身份存在的，商品链接功能对他而言，与千百万消费者完全一样。但是当他运用这个商品链接功能进行分享消费时，情况就完全不一样了，他已然成了一位消费商，此时，这个商品链接就开始具有一种强大的扩展和延伸功能了。

人与人之间的互动是无边界的，包括互动体验、互动社交、互动创业。当人们彼此之间发生互动的时候，每一个人都是流量的产生点，或者说是消费点、销售点。大家互动分享，共同受益，并从线上到线下扩展延伸，当消费点或者说销售点串联在一起时，这些点就开始具有很强的价值增值功效，就会产生巨大的商业价值。

此时，消费商的身份就不再是消费者，开始成为商品营销者。而商品链接所联系的消费商就不再是与厂家或商家利益没有交集、立场没有重合的消费者了，而是一个实现了利益捆绑的共同经营者、合伙人。

可见，电商平台的商品链接功能，提升了买卖双方关系的黏合度，使买卖双方的关系由对立走向统一，从而实现商业资源的重新整合，完成了对传统买卖关系的颠覆和调整。

9.3

消费商如何做好线上和线下销售

电商平台的商品链接促成了新消费模式的诞生，催生了消费商这一新业态的形成。商品链接功能不仅联结了买卖双方，更是通过消费商联结了一个更深更广的商业空间。

消费商通过分享消费这一方式来“生产”更多的消费者，从而获得收益。分享消费主要在网络上完成，而生产者、商家和消费商却在网下获益。线上的分享消费一旦发力，足以引领线下消费的深刻变革。最显著的变化就是：当网购成为人们日常主要的购物活动时，物流行业开始大行其道，各种商品通过火车、轮船、飞机等交通运输工具流向世界各地。

分享消费，首先分享的是一种经过挑选整合的优质商品信息流。商品信息准确无误，品质优良，消费体验真实而美好，这种具有较高美誉度的网上信息流，常常能主导和引领现实生活的物品流。

互联网消费商模式是一个社交关系链模式。消费商在各大社交平台，比如微信、微博、QQ 空间、各大自媒体平台等等，去分享产品。通过在这些互联网平台分享商品信息和自身的消费体验，消费商向潜在消费者传递产品的资料和讯息等相关的资料。

虽然消费商是一个大趋势，但是依然有很多消费商不能将产品销售出去。其实无论哪种商业模式，销售的根本是不变的，无非就是打广告、与客户进行沟通、做好售前和售后的服务等。下面，我们具体说一下，消费商如何能够做好销售：

（1）强大 IP 是保证

在互联网时代，真正能够持久生存的是具有庞大的粉丝群和良好信誉度、知名度的强大 IP。这样的 IP 所推出的产品，用户都会选择购买。

（2）内容是关键

如果你的朋友圈或微信群里每天都发一些没有营养的广告，那么你肯定想退群或者屏蔽那个总是发无用信息的人。因此，消费商必须对流行时尚有较强的敏感度，有很强的设计能力，能够写出优质的内容。

（3）精准引流

一些消费商在微信群、QQ 群里拼命加人，这是不正确的，属于盲目引流。盲目添加的好友，并不是目标人群，会导致对产品信息不感兴趣的好友变成“僵尸粉”，从而使得朋友圈活跃程度不够。

（4）做好朋友圈

消费商要有良好的营销形象，言辞不可浮夸，姿态不可高冷，必须懂得与产品相关的专业知识，产品确实优质价廉，最重要的是自己也在用。

（5）搞定社群

朋友圈的意向沉淀到社群里面去。消费商通过对产品的情怀打造，相互推荐，相互探讨，吸引真正的铁杆粉丝。一旦有消费者进入产品社群，那么他们就是潜在的消费者。

（6）众筹下单

在产品生产期间，消费商可以将社群里多数人的意见和建议反馈给生产厂家，生产厂家不断完善对产品的开发和生产。同时，消费商还应该不断吸收产品定金，快速回笼产品生产成本，进行销售众筹。

（7）孵化裂变

消费商要形成一个分享消费网络，必须对各个层次的消费商进行孵化，使之裂变成新的消费商节点，形成新的拓展与延伸。从“小白”消费者到消费商“大神”并不是一天两天就可以实现的，消费商必须利用公开课、沙龙、开小灶、分享会等方式现身说法，让更多“小白”消费者转化为接力分享消费的新节点。从而实现新的消费商的孵化，产生新裂变。

分享消费能促成消费行为成倍增长，从而在现实生活中形成巨大的物品流。由于分享消费这一新模式的出现，消费者和厂商能从中获益，消费者的财富得到增加，厂商的资本积累和供应能力得到增强，成为新一轮社会财富激增的原动力。

9.4

打造超级消费商

1. 实现平台经济的“外部延展性”

在网络世界里，消费商的分享消费链接推广可以是一个节节递增、层层传导的动态扩张过程。消费商的朋友圈和粉丝群不断发生裂变，潜在消费者变成实际消费者，再转变为消费商时，消费商的营销范围会一步步变大，甚至走向世界。

得益于互联网这一强大平台，消费走向世界将不再是神话。

消费者群的大小，决定着一个消费商是否能真正赚到钱，赚多少钱。我们可以设想一下，一个职业消费商如果能投入较多的时间和精力，并愿意精心构建属于自己的分享消费传播网络，那么，他就会拥有数量庞大的消费者粉丝群体，就有可能成为一个超级消费商。

有关资料显示，一些网上交易平台正在尝试把厂家和消费者连接在一起，打造一个全新的生态圈和完整的产业链。而传统的消费者将升级为消费商，在消费的同时还能够分享中心的增值服务。

当中心足够大之后，消费商就可以通过大数据、云计算来分析市场与产品的需求量，改变产能与市场需求不对称的局面，减少库存积压。当消费群足够庞大时，每个消费者的消费支出就会引发循环不息的乘积效应，从而使销售利润以倍数速度增长。

正如前面说到的，分享消费实际上还是一种平台经济，而“外部延展性”是平台经济生存与发展的前提条件，更是打造超级消费商的主要途径。所以，分享消费要走出朋友圈等熟人圈子，将产品推广外延至陌生人。

不仅如此，分享消费还要走出城市营销圈的限制，拓展延伸到广大的农村地区。随着农村居民收入的提高，农村市场有了一定购买力。资本和各个电商企业的进入，使农村市场成为热点，“消费商 + 农村”就是一个可能的选择。

我们更要看到，当前跨境电商仍处于高速增长的红利期，2018 年，跨境进口零售在跨境进口中的渗透率将接近 30%。跨境电商有着巨大的市场潜力和强大生命力，能有效减少交易环节、降低交易成本、拓展外贸渠道、促进全球贸易便利化。

我国政府非常重视跨境电子商务的发展。2012—2016 年，我国跨境电子商务以年均 33.99% 的增速快速扩张。2017 年全年，我国跨境电子商务交易规模超过 8 万亿元，在进出口总额中的比例达到了 30% 左右。可以说，“消费商 + 跨境营销”也是未来经济发展的一大趋势。消费商营销圈每一次向外延伸扩展，就是一次营销市场版图的再度扩张，就是分享消费模式的不断开疆拓土。

分享消费是复制粘贴就能成功的事业，也是一个需要充分利用高科技手段、充分发挥个人创造性的事业。我们完全可以想象，将来会出现一个这样的情景：投资在分享中完成；事业在分享中发展；财富在分享中积累；梦想在分享中达成。

2. 互联网放大了市场倍增效应

1995 年，比尔·盖茨写了一本叫《未来之路》的书，书中预言，21 世纪最成功的事业一定是互联网和人际网整合在一起的事业。电子商务代表互联网，消费联盟网代表人际网。消费商通过分享消费，锁定更多的忠实消费者，建立新的消费群体，这就是比尔·盖茨说的消费联盟网，也就是人际网。

推销大王乔·吉拉德说：“每个人背后都有 250 个潜在顾客。”这说明人际关系网是一个巨大的财富聚集地。消费商必须尽全力构建分享消费的传播网络。只有借助传播网络，让更多的潜在消费者都能参与进来，消费商的经营事业才能向纵深处发展。

说到这里，我们就要说说市场倍增学了，市场倍增学又叫几何倍增学，这是美国两百多所大学的必修课程。下面这个故事能够很好地说明几何倍增的基本原理：

从前，一个国王非常喜欢下棋。有一天，他把发明下棋的人招到皇宫中，说：“你发明的棋让我天天都开心快乐，我要对你进行奖励，你说吧，你都需要什么？”

当时国家正闹灾荒，百姓民不聊生。这位发明者说：“我什么也不要，你只要把我的棋盘上的第一个格里放一粒米，第二个格里放两粒米，第三个格里放四粒米，每一格均是前一格的双倍，依次类推，直到把这个棋盘放满就行了。”

听完发明者的话后，国王哈哈大笑，说：“就依你说的。”于是，国王命人一边计算，一边在格里放米粒，当第一行的八个格里放满米粒时，国王身边的大臣们都大笑起来，因为这时才放了128粒米。

但开始放第二行格子的米粒时，笑声渐渐消失了，大臣们纷纷发出了惊叹声。放到最后，国王大吃一惊，原来通过计算，要把这64格棋盘放满需要1800亿万粒米。这相当于当时全世界米粒总数的10倍。因此，国王认输了，棋的发明者用这些米粮救了天下的灾民。

显然，打造超级消费商的秘密就在这个故事里。一位哈佛大学学者曾经预言：“今后一个伟大的商业平台，一定是世界顶尖的科技，加上一个市场倍增的商业模式相结合的平台。”这一点已经得到了验证。

腾讯集团总裁马化腾说：“当你的用户群足够大时，你的业务模式不再是问题。”也就是说，你拥有的消费者群体足够大时，你卖任何产品都赚钱。当然，前提是这个产品能满足消费者的需求。

当今社会已经进入了网络世界的崭新时代，网络倍增是今后发展的主要趋势。各种局域网、银行电子结算网络、肯德基、麦当劳等等倍增形式，无一不在我们眼前频频展现，并与日俱增。

9.5

打造全联结世界，实现可持续发展

1. 创新是个永无止境的过程

有人说，互联网只不过是一个虚拟的世界，只是一种技术和工具。从某种程度上讲，这句话显然已经过时了。事实上，互联网已经彻底改变了人类的经济活动方式。

马云曾说："传统零售行业与互联网的竞争，说难听点，就像在机枪面前，太极拳、少林拳是没有区别的，一枪把你崩了。今天不是来跟大家危言耸听，大家都是朋友，互联网对你的摧毁是非常之快的。不是我厉害，是互联网厉害。如果你增加两万名会员，你可能要买 100 亩地、建商场，你要建巨大的仓库。我只要一台电脑就够了，所以我们的成本会越来越低，而效益会越来越强。”

人类社会进入移动互联网时代以后，相继诞生了一大批成长十分迅速的大型电子商务平台，如美国的亚马逊、中国的阿里巴巴和京东等，它们以商品种类丰富、支付方便、物流快捷等优势蚕食了传统零售商的市场份额，并对转型迟缓的传统零售业形成碾压式的完胜。一些缺乏创新意识、缺少核心竞争力的实体店大批倒闭、转行。

随着电商平台的不断发展，互联网流量红利逐渐见顶，传统电商增长显出乏力之势，整个行业显出下行的端倪。创新的课题一再被摆上创业者和高管们的案头。可见，在残酷的市场面前，创新是个永无止境的过程。没有一种商业模式是长存的，没有一种竞争力是永恒的，没有一种资产能稳如泰山。科技革命、互联网浪潮、经济危机、地区冲突使得世界经济发生了巨大的改变。

柯达、诺基亚可以一夜之间颓然倒闭；索尼、松下可以瞬间在市场上彻底消失；家乐福、沃尔玛可以昨天还灯火通明、门庭若市，次日就卷铺盖走人，再也不见踪影。就连阿里巴巴、百度、腾讯、京东都不敢大意，生怕一步跟不上，就沦为传统企业。

所以今天，一个企业创新的速度慢于变化的速度，那么它就会面临死亡。企业只有不断创新，才能在市场竞争中立于不败之地，才能实现可持续的发展。因此，消费商模式也面临着不断创新的问题。这个模式的最大瓶颈在于赢利的可持续性。

我们知道，消费商的红利来源于产品销售利润的分成。这个分成并不来源于消费商自己的消费，而来自他分享消费所产生的效益。如果消费商只想享受商品折扣或是会员积分返利，那么他还只能算是一个普通的消费者，因为这是普通消费者也能享受到的权益。而且他所得到的收益极为有限，不可能超过他所消费的总金额。如果一个消费商仅仅满足于一时兴起进行分享消费，而不是刻意经营他的网络系统，所得也是相当有限的。

真正把消费商当作事业的人才可能获得丰厚回报。一个职业消费商稳定获利的关键，在于消费者链条的持续增长。当消费者向消费商转化率达到某个临界值后，消费商就能结成联盟，形成一个数量庞大的消费群体。

只有打造一个超级强大的消费者粉丝群，形成一个具有自我复制和扩张功能、高效率运转的营销网络，才会出现超级消费商。而打造这样一个营销网络的真正秘诀，就必须依靠互联网，构建一个全联结世界。

2. 构建全联结世界

所谓“全联结世界”，首先就是要充分运用各种网络新媒体的社交功能和联结功能，打破地域疆界的限制，将所有潜在的消费者都汇聚在一起，并将他们导向电商平台的商品链接。消费商的营销网络足够强大，布局足够合理，对粉丝消费群体的培训足够到位时，就可能产生自动复制和扩张的裂变效应。

物联网时代即将到来，云计算、大数据、人工智能等已经渗透到了人们的日常生活中。有远见的消费商必须借助云计算、大数据、人工智能等最新科技成果，实现对信息流、数据库的选择性利用，追踪消费者的购买行为和使用行为，分析流行风向和消费者偏好，定向打造出属于自己的营销网络，有针对性地进行分享消费营销。

消费商可以将每个消费者在全渠道，包括地面店、网店、移动商店、社交网络、社交媒体的数据碎片，汇聚起来，绘制出每个顾客的完整的全渠道顾客云图。同时借助每个顾客的大数据，参与和管理现有的、潜在的客户，在全渠道的每个接触点上建立有影响力的对话关系。从而将移动 App、PC 电脑端、社交网络端、线下商盟一体化相互连接起来，全方位锁定消费者，实现真实有效、有质量的“全联结”。这就是全渠道、全联结的理念。

这样实现“全联结”的事情其实很多电商平台都已经在做了。他们在很多社交新媒体和门户网站首页投放大量广告链接，依靠网络技术力量将这些社交新媒体和门户网站的流量优势导向自家电商平台，从而转化为自身的营销优势。

很多电商平台从全渠道的角度开发并整合消费者的信息资源，推动社交客户体验，通过全渠道的雷达引擎把全渠道的交易数据和社交数据收集到后台，建立每个消费者的 360° 视图，进行一对一的个性化推荐。事实上，这个“全联结”的内容还包括了线上与线下、信息流与物品流的联结。

正如“共享经济之父”、著名畅销书作家杰里米·里夫金所说：“到 2030 年，我们会有一个大联结。我们会有一个网络平台向所有人开放，这是一个关键。我们会有 30 亿人连上互联网，这是现在物联网上的情况。未来会有 25 美元的智能手机，所有人都可以连上网。

你每天挣两美元都可以买个智能手机，所以这是一个大跃进。”

可以说，互联网给经济发展带来的影响是极为深刻的。互联网经济其实不是要消灭实体经济，也不可能消灭实体经济。阿里巴巴的“新零售”概念已经说明了，仅有线上的电商平台是不够的。电商平台发展的前景恰恰在于线上线下的有效结合，实现共同发展。

所谓“全联结”就是要做到大数据在线上线下各领域内端对端无缝链接。所以，真正的O2O平台要联结物联网，收集海量信息；要借助云计算对大数据进行分析，分类整理及应用；要有完善的收款、付款、送货、收货等交易支付系统；要实现商业模式在新市场形势下的持续创新和不断调适。

互联网曾经不断吞噬传统行业，其实质是一个由前沿科技为引领、具有无限成长空间的“新世界”对“旧世界”的猛烈撞击和颠覆！

互联网虚拟世界的这种无远弗届、无往不复的联结功能以及大量新兴科技的突破，使得整个现实世界的经济格局发生了根本性变化。而我们所说的消费商模式正需要通过全方位、立体化的“全联结”而真正实现经济可持续发展。

案例
正商云购：“S2B2C+OAO+F2C+会员制+合伙人”消费创富模式

当我们在传统的思维里苦苦挣扎，别人已经开始用“分享经济学+倍增学原理+大数据+移动互联网+”的思维在迅速致富了。2016年4月，正商控股集团投入5000万元成立正商时代科技有限公司，其性质是服务性企业。

成都正商时代科技有限公司致力于为每一个5千米范围内的商圈建立一套新零售服务体系，打造新零售商圈服务平台。他们以“务实”两个字为企业发展的基础，以消费者长久利益为导向，不断探索分享经济最本质的东西，不断向外界学习，取长补短，期望做出最靠谱、最稳定的分享经济 App。

成都正商时代科技有限公司打造的正商云购服务平台，以“S2B2C+OAO+F2C+ 会员制 + 合伙人”五位一体的新零售生态链，并融合“智慧商圈 + 自媒体 + 聚合支付 + 分享经济 + 社交电商”，建构起“本地化、区域化”的生活服务平台，与消费创富相结合的新零售生态链一起搭建城市、县域智慧商圈的运营服务平台。正商云购推出的会员通过倡导“支付即会员、支付即积分、积分可抵现、会员可支付”的产品理念，使消费者通过消费支付成为商户的会员，通过消费获得积分奖励或者特殊权益，通过积分或权益刺激产生再次消费，从而形成内循环的会员忠诚度体系。会员通产品可以让商户成功将客流转化成为会员，并且让会员成为线上忠诚客户，这就是大家说的线上线下一体化。

正商云购通过实时采集零售终端销售数据，分析商圈经营状态、销售明细、顾客行为，为商圈提供一整套基于数据本地化的营销方案，帮助商圈深度挖掘商业价值，以实现各层次商圈的市场价值最大化。分享经济造就了消费商，实现“自用省钱、分享赚钱”的消费观念。

正商云购的创新分享模式，赋予商圈无限潜能，帮助商家实现利益最大化，提高核心竞争力，并满足多方利益的同时，打造大数据聚集地，让会员、商家、商圈、合伙人能真正体验到国家深化改革下的分享经济“大红包”。

The Revolution Of Consumption

第十章 商业模式创新助推经济转型

消费商模式不只是在做加法，更是在做乘法，以此有效降低创业创新门槛。消费商模式正是人人皆可参与、人人皆可受益的商业模式，这种商业模式更有利于促进社会的公平和正义的实现。

10.1

消费商模式是创业致富新模式

1. 消费商模式是对传统商业营销模式的创新

“当今企业之间的竞争，不是产品之间的竞争，而是商业模式之间的竞争。”当代著名管理学大师彼得·德鲁克早已阐明了上述观点。

在商业营销领域，创新浪潮方兴未艾。互联网的出现改变了基本的商业竞争环境和经济规则，这在一定程度上也标志着数字经济时代的来临。互联网使大量新的商业实践成为可能，一批基于互联网的新型企业应运而生。

新涌现的一些企业，如阿里巴巴、京东、腾讯等电子商务平台在短短几年时间内，就取得巨大发展并成功上市。许多人也随即成为百万甚至亿万富翁，并产生了强力的示范效应。而它们的赢利方式明显有别于传统企业。

就在这个时候，商业模式一词开始流行。商业营销模式的创新对许多传统企业产生了深远的影响。如美国最大的电商平台亚马逊（Amazon）仅用短短几年的时间就发展为世界上最大的电子商务平台，给传统零售业带来了巨大的冲击。新型商业模式显示出强大的生命力与竞争力。

1998 年后，美国政府授予一些创新的商业模式专利，给予鼓励与保护。无论是对准备创业的人还是正在创业的人来说，这都激励着他们在经济变革时期，从根本上思考企业赚钱的方式，思考企业的经营模式。此时，商业模式创新开始受到重视。

2000 年前后，商业模式作为人们最初用来描述数字经济时代新商业现象的一个关键词而被人们所熟知。商业模式在此时的应用已不仅仅局限于互联网产业领域，它已被扩展和应用到了其他产业领域。不仅企业家、技术人员、律师和风险投资家等商业界人士经常使用它，学术界研究人员等非商业界人士也开始研究并应用它。

随着 2001 年互联网泡沫的破裂，许多企业虽然有着很好的互联网技术，但由于缺乏良好的商业模式而破产倒闭。而另一些企业，尽管它们的技术最初可能不是最好的，但由于有好的商业模式，他们依然能在互联网泡沫破裂的大潮中保持良好的发展势头。

此时，人们逐渐认识到，在全球化浪潮冲击、技术变革加快及商业环境变得更加不确定的时代中，决定企业成败最重要的因素不是技术，而是商业模式。

2003 年前后，商业模式成了商业界人士关注的焦点，商业模式创新开始引起人们的普遍重视。商业模式创新被认为是能够为企业带来战略性的竞争优势的重要因素，是新时期企业应该具备的关键能力。商业模式创新兴起，在全球商业界引起了前所未有的重视。商业模式创新被放在优先发展的地位。

新消费商模式代表了一种新的商业营销模式，也代表了一种新的消费观，是一次消费的革命。根据营销专家比尔·奎恩博士所说的："普通人可以通过生产消费行为而创造高于平均水平的财富。"生产消费是指在购物时还能够创造收入——而不是支出！

消费商的出现改变了由销售商寻找顾客的模式。消费商整合一个有共同的消费需求的客户群，然后带着客户去寻找生产提供商。由于消费商团结了众多的消费者，因此，他在与生产提供商进行价格博弈过程中将处于有利地位，可以获得更低的价格、更优质的产品及服务。

消费商模式与传统的营销模式有着截然不同的性质和营销理念。传统的营销模式由独立的生产者、批发商和零售商组成。可以说，这是一个高度松散的网络，各成员间在经济上独立核算，相互之间也只存在着交易关系。它们之间各自为政，各行其是。消费者不能参与商品流通过程中产生的财富再分配，只充当了一个支付金钱的角色。简单地说就是，生产商赢利，经销商赚钱，而消费者只有消耗。

而消费商模式则是直接与生产商实现无缝对接，中间环节已减少

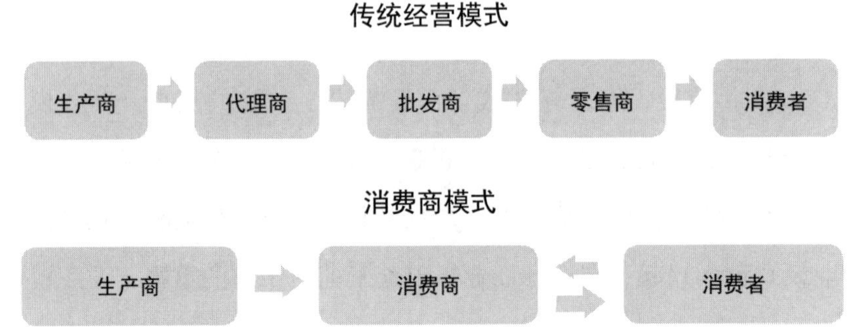

▲传统经营模式与消费商模式

到最低限度。而分享消费的营销活动主要在互联网平台上进行。通过对电商平台商品的一键链接，就能实现与他人的分享消费。一切交易活动都通过设计科学、严谨、合理的电商平台交易系统来安排进行，从而实现财富分配的透明和公平。

可以说，消费商模式是供需营销需求上的一种新型商业营销模式，实现了一种由互联网促成的商户利润分配规则，其中心点就是“花本来就该花的钱，赚本来赚不到的钱”。消费商不仅自身是消费者，也能通过分享消费方式把产品推荐给别人。

按照消费资本理论的观点来看，消费者购买企业的商品后，利润是消费者提供的。消费者对企业不断生存壮大做出了贡献，因此企业应该给消费者相应回报。消费者的消费被视为对企业的投资。而消费商在互联网线上线下的分享消费推广营销，付出了相应的劳动，所以企业也应让他们参与销售利润的分成，共享营销的红利。这就是消费商创富的基本原理。

消费商模式不只是在做加法，更是在做乘法，以此有效降低创业创新门槛。消费商模式正是人人皆可参与、人人皆可受益的商业模式，这种商业模式更有利于促进社会的公平和正义的实现。

2. 消费商模式的内在激励功能

消费商模式是一个具有内在激励功能的商业营销模式。新一代消费者需要“用心”去理解它。

在消费商模式的驱动下，消费者与生产厂家、实体店三者之间通过互联网商业模式联结在一起，从而建立起紧密忠诚、协同互生的共赢生态关系圈，这在一定程度上也刺激了人们消费的欲望，从而让消费者和商家都能通过分享获得一定的收益，真正实现双赢。

消费商模式的核心激励理念是：消费即投资，花钱即赚钱。事实上，在今天竞争十分激烈、市场容量相对有限的商业环境下，企业想获得高额的回报确实很不容易。与消费商合作的厂家或商家要想实现商业赢利，只有通过较低的利润率与庞大的销售量的乘积，才能产生一个巨量的资本累积。而要迅速扩大产品销售量，无疑就需要大量的忠诚的消费者群体。

如果生产者或商家能让消费者参与到销售利润分成中来，那么，就能从消费端中不断激发出新的消费热情。而这样的内在激励机制又能促成生产者或商家与消费者的结盟，并促成消费商群体这一新业态的出现。

消费商时代的到来，将充分释放消费者的个人价值。以个人为单位的生产要素得到了解放，个人可以把自己的时间、资源和能力充分发挥出来。消费商时代的到来标志着新的创业机会的到来。无数互联网平台的崛起使众多的消费商有机会参与到创造价值的过程中来。消费商的创造力得到了极大释放。一个消费商越有能力、越有特点、越有特长，就越具有创造奇迹的可能。

消费者转化为消费商后，参与到利润分配体系中。他们的消费在某种程度上就变成了一种投资。更重要的是，消费者参与利润分配后，就会形成一个具有内在原动力的激励机制，不断孵化并形成中介节点上的裂变和转化。因而不断会有新的消费者变身为消费商，复制那些被实践证明是成功的消费商营销模式。如此拓展和延伸下去，就会产生一个巨大的消费链，构建起一个具有强大营销力的系统。

消费商还能够在生产商那里获得广泛的知情权、话语权以及财富分配权，成为生产厂家实际上的合伙人。这就消除了买卖双方地位不平等的关系，使消费者和投资者有机结合，两者成为一体，合二为一。

对生产厂家而言，他们也一举解决了宣传、推广、营销等难题，降低了人力、宣传和物流管理成本，让厂家回归生产本质，致力于生产、研发，降低边缘成本，提升了核心实力；对消费者而言，他们则可以享受到质优价廉的产品和服务，创造出分享获益渠道，得到销售利润分成，实现消费获益。产购双方在共同的利益基础上结盟，互为激励、互为支撑，从而实现共赢。

当前，分享消费，即消费商模式实践的核心在于设定科学合理的销售利润分成模型。一些分享消费平台在实际运作中出现了问题，应该就是模型设计不够科学合理，对实践中可能出现的各种情况预估不够、应对不足所致。

因此，要想真正把消费商模式落到实处，面临的现实瓶颈就是把握好消费者、生产商和相关平台的利益平衡点，根据社会经济增长、CPI 的变动、企业的年回报等诸多指标进行严谨推演，科学精算，真正做到数值可量化、效果可预期、过程可控制。

一个科学严谨、合情合理的利益分配模型，将最大限度地调动一切积极因素,真正做到人尽其力,人尽其才,激发出干事创业的原动力。

10.2

消费商模式实现产业延伸和消费资本化

1. 产业延伸和消费资本化

在经济全球化的大背景下，产品类型趋同化，产品品质趋一致，传统广告、中介机构等推销工具已越来越弱化，新的商业营销模式显得越来越重要。有人提出，与其做广告，不如把做广告的钱用在消费者身上。这也是一些企业提出“用钱买消费者”口号的原因。

可见，生产厂家和销售商除了要满足消费者对质量、数量和服务的要求外，还必须满足消费者所获利益最大化的要求。其实，消费者本身就是决定企业兴衰成败的“无冕之王”。

每个消费者都可能和素未谋面的消费者在某个购物社交网络中进行交流，分享消费主张，形成物以类聚、人以群分的消费社群。消费者渴望参与到供应链上游活动（如采购、设计、制造）的决策中去。由互联网电子商务所催生的消费商模式，将原本处于流通环节终端的消费者权益向生产领域和经营领域延伸。

当消费商购买企业和商家的产品、服务时，他的消费行为被视作一种投资行为。这并非一次性投资，而是每次购买的时候进行的零散的投入。企业应该拿出一部分利润按一定的时间间隔还给消费者，这是一种再分配的过程。

对于消费者来说，这是一种比较好的消费刺激。在这种消费刺激产生作用后，消费者会主动重复购买。而此时，消费者的消费资金大部分将进入下一个生产经营过程中，转化成资本，不断产生新的利润。这样，以消费拉动经济的内生动力就自然而生。

消费者成为消费商以后，他的分享消费活动对产品进行了宣传推广，并成功地扩大了销售量。这个时候，生产厂家或商家会将利润按一定比例与消费商进行分成。此时消费商的购买行为，已不再是单纯的消费行为，而是一种投资行为。

同时，消费商也以分享消费的方式参与到企业生产和经营活动中来，因而理应具有销售利润分成的权益，商家和厂家应当将其中利润的一部分返给消费商。当商家和厂家将销售利润以一定比例返给消费商时，消费商在此时就成了投资者和经营者。

消费商把消费者分散的、零星的、无计划的消费需求收集整理，变成有计划、成规模的分类需求，提供给生产商。生产商按照分类需求生产供货，并通过物流送到消费者手中，从而使整个交易过程变得高效、便捷，同时又提供了一个巨大的利润空间。在商品交易过程完成之后，根据消费者需求额度的大小，再把企业的利润按一定比例分配给消费商。

消费商还可以通过众筹方式，收集消费者购买预定产品订单和定金，向厂家直接下单。同时向厂家预付相应的消费定金，直接介入生产流程，并为生产厂家带来直接的现金流。生产企业可以据此进行资金调度，安排生产，并预先支付消费商应得的红利。同时，手中始终都保持着一定的资本存量。

这就是消费商的一种运营模式：消费众筹。它同时具备奖励众筹和股权众筹两种属性。通过商业模式改造和优化，消费众筹融入消费即投资的金融模式，让消费和投资有机结合，实现消费资本化，把消费者变成股东，让消费者享受消费新观念并以此获得相应的贡献回报。

当消费者群体向消费商转化率达到某个临界值后，会形成一个数量庞大的消费商联盟。而随着消费规模的不断扩大，这个沉淀下来的资本存量将十分可观。企业发展得到了来自消费渠道资本的强力支持，就会进一步扩大生产规模，不断成长壮大。

对于中小企业前期融资难的问题，消费众筹是一个十分有效的融资渠道。它能有效整合利用市场的潜在动能，形成快速叠加的传播机制，扩大市场潜力。随着中国消费市场规模的不断拓展，资本体系的逐渐完善，消费众筹模式势必会成为解决企业发展、提供经济前行动力的重要模式。

从宏观资本市场来看，消费资本的进一步积累将成为稳定资本市场的重要力量。消费商通过投资、参股、期权、选择权、经营权等方式将消费资本向生产领域和经营领域里延伸，在不同层次上实现消费的资本化。

“一招好棋能带活整盘棋。”在消费资本化的商业模式下，消费者在购买产品时，既分享了生产商的利润，同时也为企业生产注入新的资本动力。

可见，消费作为一种资本，同货币资本、知识资本一样，成为企业和地方经济发展的直接推动力。此时，消费者的购买行为已经不再是单纯地为了获取商品而满足自身意愿和偏好的行为了，消费者的行为此时已经变成了一种准储蓄行为以及参与企业生产和经营的投资行为。

2. 消费商的资本权益

我们知道，消费商是通过自己的消费行为向他人分享商品信息和消费体验来获得收益的。那么消费商所获得的是一种什么性质的收益呢？是生产厂家对销售利润的折扣性让利还是来自对消费者的一种奖励性返利呢？

一般认为，消费商的收益是作为经营合伙人的一种销售利润分成。按照陈瑜教授《消费资本论》里的观点来说，消费者在购买企业的商品之后，生产企业和商家应把消费者的消费视为对企业的投资，并按一定的时间间隔，把该企业利润的一定比例返还给消费者。

按此理论，消费商的收益就来自自身原来的消费行为，这种消费其实可以视作是一种投资。消费者以投资者的身份从产品链的末端提升到前端，在购买产品时分享企业成长的成果，使消费和投资有机结合，买卖双方联为一体，完成消费转化为资本的过程。可见，消费者以投资入股的方式介入了生产营销的过程之中。

企业将消费者看作投资人和成员时，消费者同样会将企业看作自己可以长期获益、分享发展成果的源泉。此时，消费者更愿意聚拢到企业周围，对企业的经营和发展保持长期的关注。那么，作为投资的股东，消费商在此过程中具有哪些资本权益呢？从小的方面来说，消费商能够享有者投资、参股、期权、选择权、话语权、部分经营权等权利。下面，我们从几个大的方面来说一下消费者的资本权益：

首先，消费商具有收取投资红利的权益。消费商在完成消费后形同投资入股，能够定期收取红利。这个红利就来自分享消费所获得的收益。

生产企业可以将单位销售收入的一定比例注入消费者在本企业开设的个人投资账户，然后根据企业盈利状况和消费商分享推广实际成效，将个人投资账户的累计额和企业利润的一定比例，按一定时间间隔分期返给消费者，使消费者参与企业投资、分享企业发展成果。

其次，消费商具有准董事的身份，可以向厂家提出生产建议和意见。因为消费商拥有众多的消费网络，有多种分享推广的渠道，在平时互动过程中，他能够了解到消费者的需求和喜好。因而，他在厂家那里具有很强的话语权。

最后，善于创新的消费商还可以通过收集消费者购买预定产品订单的方式向厂家下单，并支付相应的购买定金，直接介入生产流程，为生产厂家带来直接的现金流。生产企业可以靠后加入的消费者投入，来支付消费商应当获得的回报，始终都保持着一定的资本存量。

而随着消费规模不断扩大，这个沉淀下来的资本存量将以几何基数递增，企业的发展就会得到充裕的资金支持。从这个意义上讲，消费商成为消费资本化的直接促成者，是为企业发展带来消费资本的中介融资者。

消费者成为消费商以后，就成为市场的主人，为企业生产注入新的资本动力。随着经济的不断发展，越来越多的企业家最终会深刻地认识到消费者才是市场竞争的决定性力量。谁赢得的消费者最多，谁就能拥有最大的市场和巨额的消费资本注入。

10.3

消费商时代，重构全新的商业生态模式

互联网经济时代，不管是处于发展瓶颈期的电商，还是正在寻求转型的实体零售业，它们无一不在寻找新的商业运营模式。

2017 年被公认为是“新零售”元年。电商正在由虚向实，由线上向线下发展。而传统企业也开始了转型之路，既经营传统门店，又经营电商，还经营微店，这应当说是当前最全面、最有效的全覆盖营销模式。如果把三店融为一体，互为补充、互为延展，那么可以说是当下最具前瞻性的创新企业经营模

式了。

这种“海陆空”的立体经营模式将线下门店、线上电商、移动社交微商三种产品销售模式融为一体，使得商品的营销推广、应用体验、销售购买、客户反馈等方面形成全流程、全方位的融合。这种立体营销模式将为企业自身的经营和运转实现全新整合，为客户带来最优质的购物体验。

然而这还不够。消费商时代，还必须形成一个全新的商业生态圈。未来，如果你不去打造属于你的商业生态圈，你的产品品牌走不了多远。因为，现在的市场竞争早已不是单纯的价格竞争、渠道竞争和技术竞争，而是“系统竞争”。

消费商营销成功与否不仅取决于他自身的努力，还取决于他所缔造的商业生态系统。因此消费商必须重新思考自己的商业模式，从价值提供方式、资源整合方式和实现盈利方式入手，认真研究产业链和价值链上的所有环节，设计出适合新时代市场经济的商业模式。

消费金融平台“云支付”推出的“云商保”，就采用了营造商业生态的理念来重构借贷新模式。比如，一家餐厅需要 100 万元的流动资金，传统金融方式下，餐厅的所有权人需要去银行申请借款 100 万元。但正是因为这个餐厅做不好，所以才去借款。而借款后，这家餐厅还是不能经营下去，最后导致没有办法还银行的借款，形成坏账。

以目前的经济发展来说，中小企业从传统金融机构借钱非常困难。而云商保的做法是不会直接借钱给餐厅，而是借钱给去这个餐厅吃饭的人。这种方式叫作“借消费”，餐厅并不负债，但因为把“消费”借出去之后，餐厅同样收到了 100 万元，餐厅生意因此就旺了。餐厅看上去是资金不足，实际上是业务不足。云商保把“消费”借出去，提高了餐厅经营业务能力。这就是打造商业生态的一个典型的例子。

不同的商业模式所产生的竞争力是完全不同的，而市场对陈旧模式、陈旧理念的淘汰也将是十分残酷而迅速的。神州租车永远也不能赢过滴滴出行，为什么？因为他们的商业模式不在一个档次。

神州是“B2C”模式，而滴滴是“C2C”模式。“B2C”再怎么做，车辆是有限的，但“C2C”却可以获取无限的车辆。滴滴通过“C2C”把跑出租的、跑黑车的、跑专车的人和机构统统收到自己的麾下。这样，出行市场的生态圈就建立起来了。而仍采用传统经营模式的神州租车自然也就败下阵来。

未来的消费商营销模式将在一个全要素生态系统的“深水区”展开，商业营销的做法已经升级了，未来仍坚持传统商业营销模式的企业将没有任何胜算的可能。

消费商模式下，消费商通过一系列分享消费的实际运作，形成巨大的消费网络。消费商模式可以使生产方围绕消费者的生活方式进行产品设计，以众筹方式把大批上规模的订单交给生产方，实行有针对性的、个性化的订单生产，从而积累了生产资金，扩大了生产规模。

不仅如此，由于产品是由供应商直接供给消费者，没有通过经销商和销售代理等中间环节，因此，商家可以获得更高的利润。消费商模式一改以往旧商业模式的诸多弊端，更加方便、快捷，效率更高地为消费者服务。它从根本上改变旧的商业模式，开启消费者参与企业利润分配的新时代。这也将使生产企业形成新的核心竞争力，从而在激烈的市场竞争中胜出。

根据国家发布的“十三五”规划，我国未来的电商市场将达 40 万亿规模。按此规模来说，电商市场的成长期才刚刚开始。在“互联网 +”模式迅猛发展的刺激下，传统电商行业面临严峻的挑战，各类电商平台层出不穷。因而商业模式设计成为赢得市场竞争的突破口。

随着共享经济时代的到来，消费者参与利润分配的模式拥有广阔的发展空间。不过，要特别指出的是，不管什么样的商业创新模式，企业必须坚持诚信守法，没有诚信守法这一条做保障，任何好的商业营销模式都无创新性可言，甚至可能走上违法犯罪的道路。

当前，各种各样的商业营销模式和形形色色促销手段中哪个更好、哪个不好，有时不是设计者本身说了算，重要的是广大消费者的认可。模式是否健康、是否科学、是否让消费者受益，得由消费者回答。

10.4

拥抱消费商时代

1. 消费是经济的原动力，消费者是真正的投资者

当前，我国经济发展动能加速转换，产业结构持续升级，进入到中高速增长的新常态中。

由于世界经济仍处于深度调整之中，复苏动力不足，外需对经济增长的拉动作用存在较多的不确定性和不稳定性。因此，要保持经济较高水平的增速，实现经济有质量的增长，必须稳住投资，倚重消费。

可以说，在经济新常态下，消费已成为

中国经济增长的最大潜力所在。我国经济的发展将逐步转变为依靠消费内需拉动经济增长，从而实现经济可持续发展。因此可以说，14亿人口的消费事关国家经济发展的根本大计。

从目前情况来看，我国消费结构正在快速升级，新增长点不断涌现，线上线下融合趋势加剧。在移动支付、大数据、无人配送等新技术赋能下，主流消费群体的消费需求开始从温饱型向品质型跃迁，新消费时代悄然拉开大幕。

任何商业模式的产生、发展、壮大都是历史趋势的产物，是需求的结果。在商业经济的前沿，创新的实践和探索一直都没有停止。学术界也在不断研究和思考。

古典经济学家亚当·斯密说："消费就是需求的最终点。"如果没有消费，任何生产方面的需求都是没有意义的。诺贝尔经济学奖获得者、经济学家哈耶克最早提出了"消费者主权"的理论，其主要内容是消费者根据自己的偏好选购商品，在选购产品的时候，消费者的个人偏好就传递给了生产者。所有生产者就听从消费者的意见来安排生产，提供消费者所需要的产品。

诺贝尔经济学奖获得者、有"欧元之父"之称的美国经济学家罗伯特·蒙代尔撰文指出：消费力经济研究很重要，是21世纪的重大研究课题，是经济得以循环可持续发展的关键所在。他提出"让消费者参与社会生产利润的分配"理论：消费是经济的原动力，全世界所有财富都因消费而产生，消费者参与分配生产利润是天赋的权益。

对于消费资本的研究，我国经济学界也进行了初步探索，一些有志于消费问题研究的经济学者也相继推出自己的学术主张和观点。如我国的世界新经济研究院院长、著名经济学家陈瑜教授写的《消费资本论》就引起了强烈的反响。

2005 年以来，陈瑜教授在国内外作过多次演讲，其演讲的内容多是围绕消费资本展开的。在国外，陈瑜教授曾在多哈国际会议、美国麻省理工学院斯隆商学院、澳大利亚悉尼商业模式论坛上作过演讲，还曾在国内的北京、上海、天津等地进行多场次的演讲。

自此以后，世界各国和国内一些专家学者都开始关注和研究消费资本论的原理和它产生的影响及应用。

消费资本理论认为，消费资本是以消费形态表现的资本形式，包括在产品和服务的消费过程中，所有由消费者的消费行为所形成的市场力量及其价值表现。商品经济的最终目的是为了消费。然而，生产与消费的关系并不是一条线形关系。

消费并不是经济活动的终点，而是再投资的一个新起点，与最早的生产环节连在一起，形成新的再生产，从而使得生产、销售和消费形成一个头尾相连的圆形循环。生产者和消费者之间的良性互动、往复相生，犹如中国古代太极图中一黑一白、循环相抱的阴阳鱼。

所以生产和消费其实是一对和谐均衡的对立统一体，消费力与生产力同等重要。只从生产角度分析社会经济的发展，是不完整的。唯有以资本的角度来分析生产和消费，才是完整全面的科学分析。

消费资本其实一直存在。在商品短缺时代，由于生产决定着消费，市场经济长期处于卖方的市场。消费资本一直被淡化和忽视。消费资本所蕴含的真正价值是在生产力得到提高、产品相对过剩之后，才被人们所发现。

在物质生产相对过剩，产品供大于求的背景下，消费对生产产生了决定性的影响。消费决定生产，消费成为经济的原动力。

消费者既是市场的主人，又是给企业注入新的资本动力的源泉。当消费者购买商品的这部分资金注入企业再生产再运营过程中时，这部分资金就不是普通的资金了，而是推动生产经营的一种资本力量。所以，消费者购买一个企业的产品达到一定的数量时，其消费资金就具有了资本的意义。可以说，拥有消费资本的消费者决定着企业生产的成败，决定每一张货币的投向，关系到每一个企业、家庭和个人。

人的本质是在消费方面，而不是在生产方面。任何消费都是对人的某一种需要的满足，生命过程就是消费过程。人类从事生产的最终目的也是消费，而不是生产本身。从这个意义上讲，人类的一切活动本质上都可归结为是一种消费活动。只有消费才是经济的原动力，消费者才是真正的投资者，应该参与利润分配，与生产者共享利润。

消费资本理论将使消费者、企业及整个社会的利益最大化，实现生产者、经营者、消费者和全社会的共赢。所以，消费资本论的真正意义在于致力于实现生产经营者和消费者的共赢，构建了一个共赢和谐的社会。消费资本理论作为一种以人为本的理论，它为人类和社会找到一条符合大多数人利益的经济学途径，找到了一个多方共赢的经济平台。

消费资本论问世后，人们对其投以或震惊、或质疑、或振奋、或期待的目光，密切关注这一重大理论可能引发的现实效应。人们希望这一理论在实践中能够拉动消费需求，释放巨额居民储蓄存款；引领生产要素的合理流动，促进经济区域化协调发展；解决中小企业融资难问题；化解社会阶层中的矛盾，实现和谐社会的构建。

2. 互联网时代的消费革命

在互联网 + 新经济的浪潮下，一场消费的革命正在形成。

在消费革命的大浪潮下，消费商应运而生。消费商既是产品和服务的最终消费者，又是产品和服务的推广者和经销商，具有消费者和经营者的双重角色，是市场进入新经济下产生的一种新的商业主体身份。

消费商将在厂家与消费者间起到桥梁作用，降低双方沟通成本，实现无缝对接。对于生产厂家来说，消费商模式可以降低人力、宣传和物流管理成本，让厂家回归生产本质，降低边缘成本；对于消费者来说，消费商模式打破了原有流通渠道分配方式。在为消费者提供优质产品的同时，也为消费者参与消费中的利润分配创造了分享获益渠道，从而实现消费获益。当消费者原本的纯消耗性支出变成了获得性收入时，消费就会真正活跃起来，实现内需的强力拉动与有效释放，从而实现多方共赢。

应当说，消费商模式是一个崭新的合作平台，其在实际运作过程中，将形成一个长期的、深层次合作的，甚至是互为股东、利润共享的、紧密型的利益共同体。

电商平台将在这一利益共同体中发挥核心作用，依托云计算、物联网、移动通信网络为代表的新信息技术，通过线上线下一站式共享服务平台，将实体店数据链和供应链有效打通，将原本孤立的各传统产业相连，通过大数据完成行业间的信息交换，连接信息的深度与广度不断扩大，实现人、设备、服务、场景的无缝连接，形成自我更新、自我迭代的循环，为各合作单位提供卓有成效的连接服务，给合作各方带来经济效益。

当消费者购买了产品后，企业如何给消费者让利，这是一个复杂的过程。因为，让利既不是直销的分配方式，更不是直接由下线供上线的分配方式。企业应按月拿出一定比例的利润，回报给不同时期、消费不同金额产品的消费者，这个让利计算的过程是比较复杂，但很重要的。

在消费资本论中，陈瑜教授提出用蒙特·卡罗模式和云计算（即超级电子计算机计算）。这种复杂的计算恐怕只有在21世纪才能做到，使消费让利变为可能。也就是说科技水平要达到新商业模式创新的要求。这样的商业生态无疑能够实现可持续的良性循环，具有深远而广阔的发展前景。

当前，互联网已经成为日益繁荣的全球化经济的推动力，并且正在创造历史上任何时代都不曾创造的财富。它以一种潮水般汹涌澎湃的力量不断吞噬传统行业，代表一股新的势力猛烈撞击着旧世界。当然，它更为消费者参加生产消费的革命打开了方便之门。

作为一个生产消费者——消费商，他可以利用电子商务的效率速度和延伸力，创造了一个革命性的商业营销模式。

消费商通过互联网平台把产品需求导向产品供应商，然后教其他消费者做同样的事情。如此类推，以至无穷。从此，消费者再也不必眼睁睁地看着生产者越来越富有。作为一个在线的生产消费者，他也可以和生产者一起变得富有。

时代造就英雄、趋势引领财富。在移动互联网飞速发展的未来十年内，电子商务分享营销可能会呈现爆炸性的增长。当商业竞争从产品质量、品牌知名度、市场份额进入终端的消费者群体时，越来越多的企业家深刻地认识到：消费者才是市场竞争最终的决定性力量，是市场的主人，是新的资本动力的源泉。

马云曾说："鸡叫了天会亮，鸡不叫天还是会亮，天亮不亮鸡说了不算。问题是天亮了，谁醒了？"面对这个充满变化的世界，一切有远见有胆识的企业家只有拥抱属于消费者的伟大时代，才能在激烈的市场竞争中立于不败之地，才能顽强地生存下来并且不断发展壮大。

案例
妈妈社群和衣二三平台：分享消费在新零售时代的新趋势

近几年，以阿里巴巴的淘宝、天猫等为首的电商领域，消费商模式出现了一些新趋势，即社交化、体验式、场景化和个性化消费。在阿里巴巴的新零售模式中，“消费者与商品”“消费者与场景”的充分结合，深刻影响了消费流程，使得消费者本身也充当了平台的场景和渠道。

通过消费者口碑传播来分享消费体验，帮助和促使更多消费者做出消费决策，这成为新零售模式下分享消费的一个新趋势。因此，新零售模式下的分享消费不仅仅存在于社交平台上，也存在于各种现实的社交场景中，包括线下的社交关系和影响力。

社交化电商解决了场景、信任感和流量等三个问题。社交平台通过分享消费的方式帮助用户做消费决策。究其本质，它是一种消费者口口相传、现身说法的口碑式营销，这些不是广告的广告，效果胜过最好的广告。因此，消费者能迅速做消费决策也是很自然的事情。

在社交电商平台中，微信有着天然优势，可以说，微信群、朋友圈、小程序几乎占据了用户的全部注意力和关注度。朋友圈内天天都有人推送东西，不管你买不买，反正，人家就是乐此不疲。微信群、朋友圈、小程序环环相扣，绵密成网，可以使推送人接连不断地推送商品。

此外，推送人还可以建立一个微信公众号，利用公众号推送商品。还有一点可别忘了，最近，拼团网购也在微信群里蔚然成风。总之，推送人可以随时随地地推送商品，而消费者也可以随时随地地购买东西。

社群电商则是通过线上分享消费与线下组织社群活动两个渠道来引领消费者购买产品的。而社群电商的购买转化流程也是十分顺畅的，大大提升了商品的认知度，激活潜在的消费力。在线下的社交环境中，用户就是渠道。消费者可以充分地分享商品，促使更多消费者购买。而社群电商里的消费者本身就是口碑的传播者，是社交平台上产品的扩散渠道。

拼团购买的方式是最近才流行起来的，消费者可以通过此种方式获取与商家谈判的能力。而低价是平台最重要的竞争力和消费者认知。消费者可以利用微信的流量红利和拼单玩法，获取大量低成本的流量，通过流量优势形成对商家的谈判能力，赢得全网最低价的妥协。而这也会进一步刺激更多消费行为的产生，使流量成本进一步降低，形成良性循环。

如拼多多，消费者在这个平台上做出决策所用的时间是非常短的，购买流程也非常简便。“绝对低价”定位降低了决策门槛，消除了比价动机，点拼团，再点支付，两步就可完成购买。另外“拼”本身也是一种催促暗示，使得消费者抓住机会，迅速决策。

“妈妈社群”是专门为那些成为妈妈的用户们提供亲子养育课程、亲子商品和社交活动的平台。“妈妈社群”的会员既是消费者，也是传播者，她们在微信群里讨论亲子话题，参与在线课程，分享优质商品，也组织发起各种线上线下的活动。她们可以成为“妈妈顾问”，为其他妈妈提供商品和课程咨询，并获得相应收入。平台把维护用户关系，促进用户活跃度和黏性的工作都交给了普通用户，用户在线上线下的社交活动中融入其中。

体验式消费，是指用户对某一件商品试用过后，如果这件产品满足了他们的某些需要，他们就会认同该产品，并与商家建立信任，进而进行长期的购买。而这样对商品实实在在的感知更能提高消费的成功率。

以“衣二三平台”为例，用户试穿衣服后感到合身好看，并得到了身边亲人朋友的赞扬，他们的购买行为就会更快发生。“衣二三用户”一周更换一次衣箱，一个月则可以穿到平台提供的十多件衣服，这样的消费体验是非常吸引消费者的。而这种以体验为中心的消费模式，使得消费者在取得良好的消费体验后，就能够通过线下的口碑传播和线上的在线分享消费，进一步推广店家的知名度和美誉度。